國學中的親子智慧

—— 用古代智慧解決現代教育難題

【揭示孩子行為背後的道德問題與心理動因】

分析物欲、自我中心等現象，引導孩子走向豁達安樂人生
強調誠信教育的重要性、自我兌現在孩子成長中的作用
性格塑造的關鍵，從抗壓性到樂觀態度的培養！

趙
中
華
著

目錄

目錄

目錄

前言

　　很高興能和大家在這裡結緣。世間有三個問題沒有給出完整的答案。我是誰？我從哪裡來？我要到哪裡去？其實我也一直在思考這三個問題。

　　我是誰？我不過就是想為更多家庭帶來幸福的一個分享者，讓更多家庭收穫幸福，讓更多孩子實現夢想，充滿自信。我巡迴演講了很多場，每次我都看到有的家長是從很遠的地方而來，能看出父母對孩子的愛以及對幸福的渴望，所以才有了這本書的誕生。

　　這本書是我在現場與很多家長對話以及問答的一些分享，不能說全對，我只能說透過我的分享對你的家庭孩子有幫助。同時，我也接觸了很多心理學和傳統文化的課程以及儒釋道的學問。我尤為覺得一個孩子的人格是最重要的，所以我希望我們家長在教育孩子時，絕對不能忽略這方面的引導。什麼是人格？人格應該包括偷盜、傷害他人、沒有禮貌、自私、自我等。回顧過往的家庭教育，因為人格的問題最終走向一條不歸路的案例比比皆是，所以我們要引起重視，我也希望我的這本書能為你帶來啟發。

　　我也是兩個孩子的父親，我也能深深地感受到我們父母對孩子的期望，可是孩子所謂的那麼多問題到底和誰有關呢？你去海邊想游泳、你去KTV想唱歌、你去寺廟想拜佛，所以你會發現孩子所謂的問題與環境有關，環境是誰打造的？是你！孩子所謂的問題一定離不開父母的影響與引導。如果你是帶著自我覺察的態度來學習，我相信你的收穫將會更多；如果你帶著一種我一定要改變對方的態度來學習，也許你會有一些痛苦。我寫書的目的是希望能夠幫助我們家長自我提升，這才是我的初衷。

前言

　　我的孩子不愛念書、做事拖拉、不自信、沉迷線上遊戲、自卑內向、不懂禮貌、做事沒有規畫、懶惰等等，這是我們在巡迴演講時，家長經常提的問題，我能感受到父母對孩子的期望。我每次都會說，在解決問題之前我也想問你幾個問題，第一，孩子在娘胎裡面的時候會有這麼多問題嗎？第二，你學習過關於如何溝通的課程嗎？第三，你自己本人也有這樣的問題嗎？這三個問題問完，有一部分家長就立刻反應過來了，明白孩子的問題與自己有關，無知的代價最昂貴。任何事情都要學習，開車需要學習，游泳需要學習，健身也需要學習，那孩子的教育呢？一定是需要學習的。我們不能總是以我們固有的想法來教育孩子，我們要接受新的思維、新的方法，然後我們自己再做出一些改變，改變自己的行為、語言、表情，我相信我們的孩子也會隨之改變。同樣的，我們以這樣的心態來閱讀這本書，也會從中受益。

　　我要去哪裡？無數人一生其實根本不知道自己要去哪裡，要做一件什麼樣的事。可是他（她）很清楚孩子要去哪裡，他們希望孩子考大學，希望孩子學鋼琴，希望孩子成績名列前茅，希望孩子學舞蹈，這些想法我覺得很好、很棒，可是我要問一個問題，假如運動員沒有學跨欄沒有學撞球、音樂家沒有學鋼琴、麥可‧喬丹（Michael Jeffrey Jordan）沒有打籃球，你覺得他們的人生會怎麼樣？所以我覺得我們與其要求孩子，不如發現孩子的優點，鼓勵孩子發展特長，我相信這樣才能幫助你的孩子實現夢想。

　　這本書是我在上千場演講期間與學員對話的總結與歸納，結合了心理學、儒釋道以及我自己的一些人生感悟寫成，不完美的地方請讀者海涵，我也希望我們能面對面交流學習，在此感謝您的支持與厚愛。

趙中華

第一章
道德守根固本，德育基礎決定上層建築

占有：越來越發現，孩子的「占有慾」太強了

家長問：最近發現兒子有一個毛病，就是不願意將自己的東西與別人分享，而且除此之外，還下意識地想要霸占別人手裡的東西。有一次看他和小朋友玩，自己的玩具不分享給別人，別人的玩具還要死死地抓在手裡，沒兩下子就把對方惹怒了，於是兩個孩子開始打架，扯了半天才拉開。這時候對方的小朋友說：「把玩具還給我。」他還振振有詞地說：「我玩得比你好，當然是我的，這一切都是我的，怎麼了？」聽了這話，我都被嚇了一跳，這到底是什麼邏輯啊！

老師答：內心的占有慾顯示出來的是一個人自性中的不滿足，因為害怕失去，所以才去占有，因為總覺得自己擁有的不夠，所以才會如此百般的想要占據。但是這樣的行為最終導致的結果，不是得到的越來越多，而是擁有的越來越少。想要克制這個壞毛病，就要讓孩子看到自己的富足，並讓他在分享的過程中，得到好處，當一個人真正做到內心強大的時候，他自性中的慾望就會轉化成包容與付出，他會迫不及待地想要與人分享，因為這樣才能讓他擁有真正意義上的充實和成就感。

> 子張問於孔子曰：「何如斯可以從政矣？」
> 子曰：「尊五美，屏四惡，斯可以從政矣。」
> 子張曰：「何謂五美？」
> 子曰：「君子惠而不費，勞而不怨，欲而不貪，泰而不驕，威而不猛。」
>
> —— 《論語》

📖 **譯文：**

> 子張向孔子問道：「怎樣就可以從政了呢？」
> 孔子說：「能尊崇五種美德，摒除四種惡政，就可以從政了。」

子張問：「那五種美德指的是什麼呢？」

孔子答：「君子給人恩惠自己卻無所耗費，讓百姓為他勞動而無有怨恨，有慾望卻不貪婪，安泰矜持卻不驕傲，威嚴卻不凶猛。」

前段時間看到一個很有教育意義的影片：

有一天，家裡來了一個小客人，爸爸媽媽把他迎到兒子身邊說：「來跟你介紹個小朋友，今天你有玩伴了。」可是兒子卻一臉冷漠不理不睬，轉過身就關上了門。過了一會，父母去看兒子，發現他把自己所有喜歡的玩具都藏了起來，坐在床上一臉不高興。這時候不知情的小客人走過來，友好地說：「哇，你的房間真漂亮。」轉過身就想坐在他身邊，卻沒想到引得對方大聲的叫嚷說：「別坐，這是我的床，你不許亂動這裡的東西，因為這裡的一切都是我的。」聽了以後，小客人先是一驚，然後知趣地轉身離開了。

看著這樣的場景，想到現在的孩子，或許這樣富有私人領域領地感的小傢伙，就生活在你的臂彎之下，平時看起來並不起眼，但到了維護「個人利益」的時候，那種表情儼然就像一個威嚴的律師，滿臉的不可侵犯，看了著實讓人搖頭。自己的東西不許別人碰，自己的餐具不許別人用，自己的衣服不許別人穿，自己的一切都不容許另外的人擁有，以至於走到哪裡都成為了一個不合群的典範，只能抱著自己所擁有的一切獨自玩耍，面對別人的接近，所遵循的原則往往都是，你給我可以，但想要我給你，門都沒有。

為什麼會出現這樣的問題呢？主要原因，還是在於孩子的內心，因為內心始終害怕失去，才會在占有慾上擁有如此強大的行動力，而真正問題的核心在於，他們的世界裡，始終存在著一種缺失的恐懼，他們從

來沒有意識到內在的具足，所以才會緊緊地抓著擁有物不放，不願意拿出來與別人分享。倘若這個時候不加以處理，便會漸漸衍生為對外界一切的不信任，他們會用一種極端的視角去看待親近自己的人，總是覺得，一切的接近都抱有著一定的目的性，而最令他們難以容忍的目的，就是要從他這裡獲取什麼，這種極不情願的分享會讓他們深陷恐懼和不安，總覺得自己擁有的本就不多，再被別人瓜分，很可能會一無所有。儘管這個時候身為父母的我們會寬慰他們說：「好東西就是要和大家分享的，分享得越多，得到的越多。」但身為一個孩子，很難在缺失的當下認同其中的真諦，他們的著眼點，就當下而言，他們體驗到的就是最直接的痛苦，倘若我們不能有效地逆轉他們的感受，他們內在的占有慾就會越來越強烈，而這對於他們的成長而言，是相當不利的。

想到這裡，突然想到了古典的教育，很多質樸的文字都在弘揚著一種無私的付出精神，比如說，老子就曾經說：「天地所以能長且久者，以其不自生，故能長生。是以聖人後其身而身先，外其身而身存，非以其無私邪？故能成其私。」天地之所以能長久，在於它內在的具足和無私，因為從來不覺得自己缺少什麼，所以才能在默默付出中長養萬物。而作為一個聖賢的內心，往往是與天地相合的，因為內心中從來沒有所謂的占有和私慾，所以反而能夠輕鬆的達成願望，過上最真實、最安穩、最充實、最令人敬重和羨慕的真實富足。而就這一點來說，說起來好像很容易，但要真正實現定靜的付出，不計回報的給予，不要說是一個孩子，即便是向我們這些具備大人身分的父母，也是需要進行一番歷練的。

前段時間我兒子也出了一個問題，因為過去我生長在鄉下，儘管現在搬到了城市，在老家還有很多要好的親戚，這天剛好表弟的孩子來家

裡玩，太太就把兒子平時愛玩的玩具和一部分還有幾成新的衣服拿出來要送給他。這時候兒子顯然是不高興了，嘴巴噘著，一臉委屈和苦悶，好像馬上要失去一些重要的朋友。我看到他那個樣子，心裡也猜出了幾分，於是隨手拿了個玩具對他說：「兒子，這個玩具現在有新的使命了。」

「什麼使命？它馬上要換主人了，從此以後，這一切都不再跟我有關係，我一下子失去了那麼多，你們誰也沒有顧及到我的心情。」說著兒子就開始抹起眼淚來。「誰說是這個使命了？」我搖搖頭說道：「傻兒子，這些生力軍要帶你去找朋友、找玩具了。」「怎麼會？」兒子低著頭依舊哭泣著。「你看，你把玩具送給了這個弟弟，就與這個弟弟成為了好朋友，今後，你去他家時，便可以和他分享更多的玩具，你得到了一個好朋友，又能擁有了更多的玩具，這不是一件好事嗎？」聽了這話，孩子還是不情願地摸著心愛的玩具不願意放手。這時候我叫來了表弟的兒子說：「現在你們兩個人是好朋友了，我想問你，如果有一天哥哥到你家，你會不會把自己所有的玩具跟他一起玩？」表弟的兒子點頭，隨後我對那孩子說：「告訴哥哥，你家有什麼玩具呢？你們家有什麼好玩的東西？」

於是表弟的兒子開始滔滔不絕地分享他在鄉下的玩具和有意思的趣聞，這時候我忽然發現兒子的情緒得到了很大的緩解，他開始不由自主地去聆聽，看著對方唯妙唯肖的表達，他時不時地流露出一絲笑意。這時候我便拍拍他的肩膀說：「兒子你看，這是一個多好的機會啊，有一個朋友在他家正準備和你一起玩，你擁有的東西更多了，現在就好好的享受，大家一起拿著玩具去玩吧！」於是，兩個孩子一瞬間熟識起來，沒

一會的工夫，就玩得很嗨了。

　　事後，我帶著孩子來到河邊，將他的小手放到水裡，對他說：「兒子，你覺得用你的小手撈水，能撈到多少？」「很少的一部分啊！」兒子說道。「但是倘若這個時候，你將這些小水滴融入河流，所有的水在一起是不是很龐大？」「是啊！」兒子看著我說。「我們每個人起初都是一個不起眼的小水滴。想要強大，就首先要學會奉獻自己，當我們帶著奉獻意識去對待別人的時候，就會源源不斷的交到朋友，具足友誼，而當你的朋友越來越多，你的力量就會越來越大，最終所有的小水滴匯聚成為一股力量，江海也就變成了我們自己，到那個時候，你的生命就會因此而發生巨變，你擁有的不再是現在手中的一點點，而是擁有了整個世界。兒子，整個地球都是藍色的，它是由水充斥具足的，爸爸最想看到的，是你能夠在真正的意義上成為擁有天下的王者，而這個偉大計畫的初始，就是從學會分享開始的。」

　　很多父母看到了孩子的占有慾，卻不知道如何引導他們，盲目的責罵是達不到效果的，關鍵的一點就是要讓他們意識到與人分享為自己帶來的好處。當一個人意識到某個行為，能夠為自己帶來快樂和成就感的時候，便會展現出無須鞭策的積極動力，他會很自然的對它心生嚮往，並在這種嚮往中，一步步走向強大，最終形成自己的力量，贏得更為富足的人生，擁有更加完美的自己。

趙中華老師語錄

1. 一滴水，微不足道，但是倘若它會分享，其本質就會發生翻天覆地的變化。

2. 占有的核心，是不夠富足的表現，與其抓住一切不放，不如找個機會，讓擁有流動起來。

3. 成為別人信念中的依靠，往往比滿足個人慾求更為重要。

殘忍：為什麼會對小動物那麼殘忍

家長問：前段時間帶著孩子到外面去玩，本來陽光明媚，外面一片生機，卻突然看見幾個大孩子在那裡捕捉螳螂和蜻蜓，其中有一些螳螂顯然是懷了孕，肚子大大的，結果被他們一腳踩在腳下死得很慘。這時候我趕忙捂住孩子的眼睛，可沒想到孩子卻把我的手扒開，不停地在那裡興奮的尖叫，好像自己對眼前的一切心馳神往，這時候我突然被嚇到了，對被傷害的小動物熟視無睹，我該怎麼幫助他呢？

老師答：力行勝過言教，做人首先要做的是守住內心的良善，而這本身是需要我們在點滴生活中詮釋的，想要讓孩子對生命心懷悲憫，需要家長不斷培養他們的愛心，而這些小細節，必然會被孩子看在眼裡，最終影響到他們一生的選擇。

陸游詩云：血肉淋漓味足珍，一般苦痛怨難伸。設身處地捫心想，誰可將刀割自身。

📖 **譯文：**

陸游說：屠宰時的場面血肉淋漓換來了美味，動物的種種痛苦和怨念難以表達，請你們設身處地捫心自問一下，誰肯用刀來切割自己的身體呢？

很多家長總是一味地關注孩子的學業，卻從來沒有意識到，其實身為一個人，真正的立身之本，在於他對這個世界的愛。一個真正能夠投入愛的人，才能夠更真切地珍惜身邊的每一個人，每一個生命，每一段緣分，每一回過往。

這個世界上，有智慧的人很多，能把智慧用在重點上的人，其實並沒有幾個。這個世界上有能力的人很多，但是真正能夠有機會把能力發揮出來證明自身價值的人，屈指可數。這個世界上，有錢的人很多，但是並不是所有有錢的人都能快樂，這個世界上，情商高的人很多，但並不是說情商高的人，最終都能盡情展現自我。那麼人生的舞臺究竟在哪裡？為什麼有人一生沒有機會，有人卻不管走到哪裡都能左右逢源？其中最重要的核心，恐怕並不在於我們很看重的元素，而在於我們內在的發心。而這一念的發心，一定是純善的，一定是尊重生命的，一定是要讓這個世界變得更加美好的。

前段時間回顧了一個經典的案例，我在文獻中看到，有一個知名大學的才子，因為無聊，到動物園餵黑熊硫酸，結果搞得動物園幾隻黑熊都因此命喪黃泉。而他卻一副平靜的樣子，好像自己的世界裡什麼都沒發生。等到事情敗露，警察找到了家裡，問他為什麼要這樣做，他卻一臉懵懂地說：「我只是想做個實驗，看看黑熊吞食硫酸以後，究竟會發生什麼樣的反應。」這樣對生命不尊重的行為，在他的信念裡好像是順理成章的事情，自始至終，他都沒有意識到自己是要為無辜生命負責任的。

當然這樣的事情還有很多，同樣是大學裡的才子，奧數從小都是考第一名，卻因為與家人產生口角，就拿起菜刀向父母砍去，砍死之後，還要分屍，分屍以後，還藏在了家中僻靜的地方，直到被發現，他還一

臉無辜地說：「當時自己真的沒有想那麼多，越砍越上癮，最後根本無法克制住自己了。」

想想吧，倘若一個孩子，從小沒有進行愛的教育，即便他的智商再高，即便他在某個領域很有能力，即便他真的懷有較高的情商，即便他很快就可以實現財富自由，就其內在而言，依然是存在很大缺陷的。因為沒有愛的滋潤，行為間就沒有了道德的尺度，很難想像，當一個沒有道德約束的人，一時之間擁有了所有人心馳神往的富足和才華，那麼對於世界而言，他所能給予的，是幸福還是災難呢？

曾經有一段影片讓人刻骨銘心，一個學校的高材生，在被捕入獄後，抱著媽媽哭泣，而這位母親也是泣不成聲，她說：「曾經沒有意識到，你道德的邊界是這麼容易就跨過去了，小時候做錯了事情，媽媽爸爸可以教育你，現在你長大了，爸爸媽媽不再能做主，違背了社會的道義，教育你的就只有警察局，只有法院了。」每當看到這些，我就會思考一個問題，如果在孩子很小的時候，我們能夠將更多的著眼點，放在培養孩子良善的愛心、完善孩子純正的道德上，那麼即便有些事我們並沒有給出什麼意見，他自己的意識中，也會有一把尺，能做還是不能做，究竟該如何選擇，自小培養的邊界意識自然會給予他答案。

那麼究竟怎樣提起孩子的愛心意識呢？首先最重要的一點，就是讓他們用心去體悟自然中的一切生命，讓他們感受到萬物生靈的平等，讓他們知道生命對所有眾生而言，只有一次，倘若將自己的意志建立在別人的生命意志之上，那麼這只能說明一點，此時此刻，自己是一個缺少仁愛的人。

其實想要培養孩子的愛心，並不是一件非常困難的事情，從小讓他

們和善意的生命在一起，讓他們對身邊的小貓小狗自覺地產生關愛照顧的責任，當他無意識傷害到生命的時候，下意識加以阻攔和駕馭，我們只需要調換孩子的角度，問問他：「寶貝，如果有人這樣按住你的手臂，不讓你前行，你會不會痛苦？那麼現在這隻小螳螂也很痛，我們不要傷害牠好嗎？」就在那一刻，一個如常的瞬間，孩子愛的意識就被你無形開啟了，他會對自己說：「哦，原來小昆蟲會疼，我不可以傷害他。」倘若我們能夠定時的和孩子到市集上買一些小魚小蝦，帶著孩子到河邊放生，然後快樂的和他一起鼓掌說：「哇，太好了，小魚小蝦恢復自由了。」就在那一刻，孩子便會不自覺有了愛的感知，從此不再輕易的迫害任何生命的自由。這看起來也是玩樂，卻能夠成為孩子受用終生的啟迪。

　　相比之下，看看我們很多家長對孩子的錯誤教育吧！多少家長，帶孩子參與戶外郊遊的時候，不但沒提起孩子的愛心意識，反而蹲在那裡和孩子一起撈魚撈蝦，每到撈到的時候，感覺比孩子還要開心，嘴裡還振振有詞地說：「寶貝，快看，爸爸幫你撈了一隻大的。」看上去一切沒什麼大不了，卻發給了孩子一個錯誤的暗示：「對於自然的生靈而言，我身為人，是理所當然富有優越感的！」試想一下，倘若一個人，摒棄了愛的理念，將這樣的意識作為生命的主導，沿用一生，那麼結果會有多可怕？倘若這種思想在沒有更正的情況下，又沿襲給了下一代，我們的地球，我們這個自然集合的大家庭，究竟還能不能在人類的覺悟下而變得更加美好呢？今天對小動物殘忍，明天很可能就會對家人殘忍，後天很可能對社會殘忍，再後來殘忍有了更多存續的理由，其破壞力之強大，想起來就足夠膽顫的。所以作為每個孩子的父母，從小細節的糾正，到對世界觀的影響，別說你沒有責任，我們每一個人都是有責任的。

　　父母是孩子生命中的第一位老師，與其教會他們智慧，不如教會他們如何去愛，當他們真切地愛上了世界，以純善的態度去面對世界的時候，美好的一切才能與他們如影隨形。這是一個自我修身的過程，而就這堂課而言，開始得越早，越是能夠在他們的後續人生中發揮作用，所謂福報的累積，就是在這樣的覺悟下開啟的。

趙中華老師語錄

1. 授之以魚，不如授之以漁，給予孩子愛，不如給予孩子愛的能力。
2. 倘若能夠把對生靈的殘忍，看成是對自己的殘忍，那麼這個世界上，殘忍的事情一定會越來越少。
3. 一個真正珍惜他人生命的人，才更容易從自然中贏得快樂。

欺騙：沒想到這麼小就會騙人了

　　家長問：現在的孩子，嘴裡瞎話順口就來，而且越說越真，你也不知道哪句話是真的，哪句話是假的。就拿我們家孩子來說，一天算下來，光騙人這些小手段，怎麼樣也得來上幾回，每當質問他的時候，他總是一臉無所謂，甚至還會理直氣壯地跟你胡扯：「在我的世界裡，一切就是這樣的啊！」請問老師，面對這樣的孩子，我該怎麼辦呢？

　　老師答：把欺騙當習慣，首先從心理學的角度，有兩點需要注意，一個是孩子很可能在下意識地逃避責任。還有一種則證明他們自我世界中的缺失，因為沒有真實意義上的達成所願，所以寧願以欺騙的方式來提升自我的意識，之所以會做這些事，不單是為了欺騙別人，從另外一

個角度而言，它很可能會成為一種自我矇蔽的認知模式，不斷地試圖用欺騙去寬慰自己，撫平內在的不安和遺憾。不管是出於哪種目的，對於孩子的個人成長而言，都是相當不利的。

孔子曰：「其言之不怍，則為之也難。」

📖 譯文：

孔子說：一個人說話大言不慚，那他做起事來就難了。

——《論語》

前段時間，有個家長跟我抱怨，說自己的孩子嘴裡的實話越來越少了，問他在學校過得怎麼樣，他總是信誓旦旦地說：「很好啊，我和班上的同學相處得都很融洽。」隨後便開始以各種理由向她索要金錢。今天說有個同學過生日需要買禮物，明天說班上老師要求大家購買學習資料，後天又說學校組織團體捐款，總之有說不完的理由。起初聽到的時候，父母覺得很有道理，這些錢都是應該花的，所以給了錢也沒有過問。直到有一天學校打來電話，說孩子在學校總是以各種理由向同學借錢，而且只要借了就不還，現在全班同學都不喜歡他，誰也不知道他把那些錢都用到哪裡去了。聽到這個消息，身為家長，腦袋緊跟著嗡的一下，這到底是怎麼回事？於是把孩子叫過來問個清楚，結果他還是滿嘴瞎話，以至於最終不得不對他動用體罰。後來才知道，這孩子最近迷上線上遊戲，所有的錢都用來花在購買遊戲裝備上了，結果在外面欠了一大筆債，最後想要填平卻發現怎麼也填不上了。

眼下很多孩子都存在說瞎話的問題，其核心就在於，他們的內心存在著一種僥倖心理，今天本來做錯事要挨罵的，但因為說了瞎話，一切就輕鬆過關了。今天本來是要失去一些東西的，因為說了謊，不但沒有

失去，反而獲得了意外的獎勵。今天本來是存在一些失落感的，但是因為欺騙了一個人，內心反而找到平衡，瞬間覺得輕鬆多了。就心理學而言，欺騙是一個非常精微複雜的概念，其中聚集著各式各樣的複雜情感和微妙的潛意識。有些意味著推脫，有些意味著缺乏自信，有些意味著內心撫慰，有些意味著擺脫恐懼，或許就某些事而言，本不需要說謊，但為了能夠讓自己的狀態更完美一些，很多人依舊會帶上欺騙的偽裝。這樣的行為，大人會有，而孩子在是非意識尚且薄弱的成長階段，也難免會遇到同樣的問題。要想切實有效地解決弊端，就要透過現象看本質，看看藏匿在孩子謊言之下的心理動機究竟是什麼，這樣才能將他們重新引入正軌，擔負起自身的責任，端正其內在的德行和態度。

想要糾正一個錯誤，首先就要讓孩子預見到這個錯誤發生後所帶來的後果，讓他自己意識到這一切會給自己帶來的不利影響，唯有如此，他才會漸漸喪失造作的興趣，開始下意識地做出改變，從自心出發與不良行為劃清界限，不再去輕易觸碰，不再去下意識地與相關的信念連結。這一點，我的一個朋友在教育自己孩子的時候，就做得相當到位。

有一次，朋友的孩子因為考試不理想，就偷偷地找了同學改分數，還模仿家長的筆跡簽名。朋友知道了這件事以後，並沒有訓斥孩子，而是拿走了孩子最心愛的玩具，隨後整整一個星期，都以沉默的方式面對他。看到爸爸這樣嚴肅的樣子，孩子忍不住哭泣起來說：「爸爸，把玩具還給我吧，我知道錯了。」朋友聽到後，轉過身說：「那我怎麼相信你說的話是真的呢？你已經欺騙我了，就我的原則而言，被欺騙是一種極其受傷害的行為，在有限的原諒次數中，我只能勉強再給你一次機會，如果有第二次，不但我要收回你屋子裡所有的玩具，而且也不會很真誠地對待你了。我對你說的話，沒有欺騙性，如果你想驗證，那就再騙一次人吧。」聽了這

話，孩子低下頭。「你能告訴我，你為什麼要欺騙呢？」朋友問道。「因為我害怕被罵，害怕之後面對你嚴屬的樣子。」孩子哽咽地說。「那後來的後果是什麼？」朋友問道：「是不是我更加嚴屬了？」「嗯！」孩子低著頭說。「因為害怕承擔責任，所以採取了欺騙的方式，一旦事情敗露，那很可能會因此失去更多。」朋友說：「今天爸爸就要用行動告訴你這個事實，這個世界上每個人都不完美，沒有達到預期成績可以理解，但因此而實施欺騙，就是對別人的傷害，但凡是有了傷害，早晚都是要還的。」聽了朋友的話，兒子陷入了沉默，從那以後，再也不敢說謊了。

　　就欺騙而言，我們首先要做的就是將一些理念性的內容在孩子的意識中進行整合，我們要用自己的語言和行為去強化他們的概念，告訴他們，欺騙帶給一個人的終極傷害究竟是什麼。當他們意識到後果的嚴重性，就必然會引起重視，這樣在後續的引導和教育中，一切便會自然的達成效果。其實就孩子而言，騙人這件事，無非是成長過程中一個自我逃避的插曲，教會他們如何有智慧的去面對一切，不再去刻意的迴避責任，便可以鍛鍊到他們心性中勇於擔當的種子，從而規避說謊所帶來的隱患，有效維繫好那份對別人、對自己的誠懇。單就這一點來說，秉持成年人的經驗，再沒有什麼比這更重要的了。

趙中華老師語錄

1. 欺騙讓我們活在了一種不真實的幻境裡，夢做得越美，受的傷越深。

2. 謊言再甜美，也終究是謊言，一旦謎底被揭穿，欠下的債總是要還的。

3. 騙人的話，比真話還真，即便所有人都相信了，自己的潛意識，多少還是會膽顫緊張的。

推卸：怎麼出了問題永遠都是別人的錯

家長問：這段時間一直在反省自己，感覺身為一個家長，為什麼不能從小糾正孩子身上的問題，現在孩子不管做錯了什麼，都要歸咎於別人，從來不能勇敢地承擔自己的問題。每當教育他的時候，他總是一臉牴觸的情緒，身為父母，雖然看出了其中的問題，卻不知道怎樣有效地引導他，面對這樣的情況，我們究竟該怎麼辦呢？

老師答：對待這樣的事，問題的中心還是在於父母的引導，讓孩子養成自我反省的好習慣，讓孩子了解到問題的相對性，這一點是很重要的。這個世界不存在單方的傷害，看清自己的責任所在，將自己所要承擔的內容勇敢地擔當起來，便從自性中少了一些推卸和怨恨，就此將反省轉向自我，不斷的總結經驗，讓自己一點點的強大起來。

曾子曰：吾日三省吾身，為人謀而不忠乎？與朋友交而不信乎？傳不習乎？

📖 **譯文：**

曾子說：我一天中多次反省自己，為別人辦事不夠盡心嗎？與朋友來往不夠誠實嗎？老師傳授的學業複習了嗎？

現在家中的小霸王很多，一到出現問題的時候，就會堂而皇之地將錯誤推卸給別人，每當我們想要落實教育的時候，他們就會插著小腰，嘟囔著嘴巴說：「不是我弄的，不是我的問題，要不是誰誰家的誰那樣對待我，我怎麼會打他？」「哪裡是我的錯啊，明明是這題太難了。」「根本就不是我沒有認真念書，是老師出的試卷太難了。」每當聽到這些，想必身為家長的你鼻子都氣歪了，但原因究竟出自於哪裡？誰給了他們說

「不是我的錯」的理由？誰教會了他們推卸問題的說辭？與其順著他們不斷的向外找原因，還不如就此把懸念拉回來內觀自己，或許這樣解決問題會更簡單，更有效率。

回想一下吧，當孩子在床上剛剛學會爬，突然一個不小心，碰撞了床沿，一下子哭泣起來，身為家長，我們看到的第一反應是什麼呢？據我觀察，大多數家長會趕快把孩子抱起來說：「哎呀，寶貝不哭了，很疼吧？哼，就是那該死的床沿，我打它，誰叫它欺負我們寶貝。」聽到這話，孩子慢慢就不哭了，他默默地看著這一切，明顯感覺背後有人撐腰，這個時候他的潛意識就已經產生了一個概念：「碰撞了，不是我的問題，是床沿的問題，在這個世界上，我沒有任何錯誤，錯誤都是別人的。」

後來孩子學走路，摔跤哭泣了，我們跟著他們訓斥地面。孩子和小朋友之間產生了糾紛，永遠都是別人的問題。孩子不小心把玩具弄壞了，那就是玩具不堅固。孩子摔碎了花瓶，就說花瓶實在太重了。總而言之，我們始終都在強化著一個概念，「不是你的問題，是別人的問題。」本來是想給予孩子一個寬慰，卻讓他在意識中產生了錯誤的概念，從此他們也就開始信誓旦旦地說：「我沒有錯，要錯也是別人的錯。」

由此類推，回到今天的場景，我想問問各位家長，過去的錯是我們為孩子去辯解，現在的錯是他們自己在為自己辯解，當你不習慣的時候，他們早已經將這種思考方式變成了習慣，而這種錯誤的邏輯，本身來源於誰，又應該由誰去予以糾正呢？

這時候很多家長會說：「我也曾經教育過孩子要做一個有擔當的男子漢啊！」我也曾經引導過孩子：「自己要對自己的錯誤負責任啊！」我也

曾經跟他說：「不可以傷害其他的小朋友啊！」可是他就是不聽，為什麼錯誤的邏輯他一聽就會，正確的教育卻怎麼也裝不進腦子呢？

其實不願意承認錯誤，是一個人人性中存在的根本屬性，但凡是人面對錯誤的時候，百分之八、九十的人都不願意承認，因為這將要使他們面臨極大的不安和痛苦，同時很可能還會因為這種不甘而產生抗拒、焦慮、沮喪和自我否定。身為一個孩子，他所能明白的本就不多，當本性被彰顯出來的時候，便會自然地順應於意識的固化，倘若這個時候，他們的自然意識中已經形成了推卸責任的慣性，那麼再想要重新根除，是非常困難的。

其實，想讓孩子像君子一樣三省吾身，最核心的事情，就是提前為他們開啟思路，開闢正確的思考邏輯，而這個邏輯是需要我們從平常的小事做起的。下面設身處地，我先講一個我自己與孩子相處的案例：

這天孩子開開心心地在遊樂場玩，我就在不遠處看著他。過一會，他好像跟身邊的孩子發生了糾紛，兩個孩子突然間開始打架，對方的家長把自己的孩子拉開了。兒子可憐兮兮地跑到我身邊說：「爸爸，我受傷了，頭上流血了，好痛。」

我看到他那股氣勢，很顯然，是要我為他打抱不平，將所有責任推給別人來洩憤。儘管心裡知道他的鬼主意，但是我表面上還是一個慈父的樣子。蹲下來說：「哇，寶貝頭流血了，一定很痛，爸爸揉一揉、吹一吹。告訴爸爸，到底發生了什麼事情啊？」「爸爸，那個小朋友打我，我沒打過他。」孩子憤憤地說。「哦，原來是這樣啊！那小朋友為什麼會打你呢？」我繼續問道。「因為，我看他的玩具很好玩，就摸了摸，結果他生氣了。」孩子說道。「哦，原來是這個原因，那以後怎樣才不至於和小

朋友發生這樣的事情呢？」「不能隨便碰別人的東西。」兒子一臉無奈地說。聽到這裡，我心裡覺得契機到了。摸摸孩子的頭對他說：「哎呀，我的兒子真了不起，已經能夠覺悟到問題的根本了。兒子你真棒，能勇敢的承擔問題中屬於自己的責任了。」聽到這些，兒子看我的眼神都不一樣了，他停止了哭泣，然後默默地看著我，我慈祥地拍拍他的肩膀說：「意識到問題就沒有什麼委屈的，好了，一切過去了，我們可以繼續在遊樂場玩了。」

這樣的事情在我孩子的童年時光中，經常會遇到，而我，只是重複強化著一種思考邏輯，幫助他去不斷的總結經驗，與他探討問題的責任和處理方法。慢慢的，我發現兒子在言行上有了很大的變化，他不再是那個出了問題就要告狀的小鬼，也不再堂而皇之的將錯誤歸咎於別人。我只是讓他知道，所有的事情都是相對的，所有的問題都有兩面性，所有的傷害都是雙方的，倘若自己沒有問題，問題就絕對不會找上自己，僅僅一味地把所有的問題都推卸給別人，問題不但不會解決，還有可能深化出更多的困擾。

其實引導孩子很簡單。不過就是在無形中成為他們意識的領路人，幫助他們有效地進行總結，而這個過程，不就是君子三省吾身的過程嗎？倘若父母能夠從小就替孩子裝配上了君子的思考模式，他們的小小靈魂必然會在生活的錘鍊中，一點點的蛻變成勇於自我擔當的樣子。這對一個孩子的靈魂教育而言，是非常重要的。

由此可見，想對孩子進行最正確的引領和教育，首先就要從他們的思考邏輯的建設開始，思考模式改變了，人生的格局才會發生變化，而這些變化，起初都是從我們與孩子共處的點滴小事開始的。或許此時你

已經意識到，孩子的世界雖然單純，但這段單純時光中發生的所有事情都不是小事，這是他們自我成長模式中的一個重要階段，倘若這個時候疏忽大意，便是我們身為家長最大的失職了！

趙中華老師語錄

1. 當孩子出現問題的時候，就是我們為人父母需要學習的時候。
2. 所有的問題都是相對的，沒有單方面的，從自己出發，才是解決問題的捷徑。
3. 跟孩子吵架，不如帶著他去總結，經驗永遠比指責更有價值。

嫉妒：越來越覺得，孩子的嫉妒心實在是太可怕了

家長問：前段時間無意中在孩子面前表揚了一個跟他年齡相仿的小朋友，結果他竟然生氣了，聽沒幾句話轉過頭就走進房間甩上了門，半天不跟我說話，後來見到那位小朋友的時候，總會發現孩子表情的不自然，對對方愛答不理。有一次忍不住問他，為什麼露出這樣的表情，他卻喃喃地說：「有什麼了不起的，上次考試不就比我高了一分。」聽了這話，我開始意識到他在嫉妒，但直白地告訴他，可能又會傷害了他的自尊，面對這樣的情況，身為父母，到底該怎樣引導孩子呢？

老師答：關於嫉妒，其最本質的原因在於一個人內在的缺乏自信，源自於他們自我世界的不具足，因為覺得對方擁有的是自己缺失的，所以才會產生這樣莫名的負面情緒。但好在，所有的消極情緒背後，都存在著積極的意義。身為父母，我們可以和孩子一起針對這個問題進行分

析，幫助他們從消極的自我意識中轉化過來，讓他們意識到自己的富足，這樣嫉妒的信念就會轉變為良性的自我意識，再也不會牽著他們的靈魂走了。

嫉妒生於利慾，而不生於賢美。

📖 譯文：

嫉妒由貪圖私利引起，品格高尚的人就不會嫉妒別人。

現在孩子的課業都很吃緊，在學校要比成績，在家裡也要拚學習，以至於小小年紀，就有了莫名的緊迫感，開始有一搭無一搭地與身邊的人比較，一旦發現有誰比自己優秀，有誰更容易得到老師和爸媽的誇獎，內心就很難平復安定，以至於很多家長都驚訝地感慨說：「這麼小的孩子，怎麼這麼快就學會嫉妒了呢？」

曾經有一個孩子告訴我說：「趙老師你知道嗎？那天我媽媽在我面前誇了小磊一個小時，當時我的心傷透了，莫名的眼淚就掉了下來，一個晚上都沒有睡覺，從此以後，我看到小磊，心中就會莫名的煩躁，真的再也不想理他了。」我問他為什麼呢？他的回答是：「我感覺他讓我成為了一個不受重視的孩子，他聚集了所有青睞的眼光，而站在他身邊的我卻什麼都不是，那種感覺，您能理解嗎？我試圖證明自己，但是身邊的人還是視而不見，有一次我非常努力考了高分，我覺得這次我終於比過他了，可沒想到老師公布成績的時候，他還是第一名，我當時很不服氣，找到老師說，我明明比他高了兩分！可是老師卻滿不在乎地說：『這也不過是一次考試而已，較勁什麼？你能像人家那樣每次都是第一名嗎？』原來是老師有意幫他多加了幾分，為的就是保全他第一名的地位。這麼多人幫助他，而我卻如此無助，我太討厭他了，真的不想再看見他。」

聽了孩子的話，我心中是很能理解的，畢竟，誰沒有當過孩子？誰沒有渴望過別人的重視？當自己的努力依然換不回別人的認可，而身邊的某某，卻始終在鮮花和掌聲中成長，那種被冷落的感覺，放到誰那裡，誰都會難受。可是，倘若這種感受化身成為嫉妒，讓一個人因為這種莫名的負面反應而下意識的走極端，那他的破壞力可就嚴重多了。於是我輕輕地撫摸著孩子的頭說：「孩子，之所以你會因此而受傷，是因為你的世界裡，存在著這樣一個享受著優越感的他人的形象，一切的比較，都是由自心發起的，因為你心中比較的對象不是自己，所以才會感覺那麼的痛苦，但是倘若此時，你能夠把這個對象轉變成自己，意識到自己在堅持過程中的進步，那麼這種痛苦的感覺就會立即消失了。」

這個世界上，飽受嫉妒之苦的人，不僅僅只有孩子，身為父母，我們多少都會告訴孩子：「不要嫉妒，要讓自己的心胸寬廣，要多去欣賞別人，多去改進自己。」但是每當聽到這些話的時候，就會發現孩子總是一臉不耐煩的樣子，好像這句話像一把鋒利的刀子，戳痛了他們的心靈。自古以來，嫉妒就在無形的摧殘著很多的人，如果沒有嫉妒，孫臏就不會被挖去膝蓋骨，如果沒有嫉妒，扁鵲、華佗的醫術便能流傳至今。沒有嫉妒，或許這個世界就會少了很多的戰爭，沒有嫉妒，或許歷史會比當今還要璀璨。歷史的教訓告訴我們，嫉妒這東西，傷害了別人的同時也在傷害自己，如果不是受到傷害，就不會有嗔恨，如果沒有恨的感覺，就不會有極端的行為。如果沒有極端行為，就能夠擁有更定慧的自己，就人生的去向來說，也許這樣的選擇才是最平坦正向的。

那麼究竟怎樣才能有效的幫助孩子擺脫嫉妒的陰影呢？針對這個問題，身心靈大師奧修（OSHO）說過這樣一句話：「所謂的嫉妒就是比較，如果你不要比較，嫉妒就會消失。」孩子之所以會嫉妒，是因為我們讓他

看到的只有他內在的缺失，我們始終在暗示他，別人比他優秀富足，以至於在那一刻，讓他產生了深深的無助感和淒涼感，當這種負能量在他幼小的心靈中難以消解，他便會因此體會到嫉妒給予他帶來的困擾和傷害。所以，身為父母，與其說一些大道理，不如和孩子一起正視這個問題，我們可以對孩子說：「每個人的生命都是圓滿、強大而具足的，別人有別人的優秀，但是我們卻可以在洞見別人優秀的同時，從內在開發自己的優秀，在你的內心世界中，真正陪伴你的只有你自己，我們可以學習別人，但無須去羨慕他，倘若今天的自己，比昨天的自己又強大了那麼一點點，就證明你距離自己的勝利越來越近了。」

　　這個世界上，比自己優秀的人有很多，但倘若一個人能夠從小學會向內挖掘，他便更容易在關照自己的過程中得到快樂。所謂的嫉妒也好，羨慕也罷，潛在的心理無非是渴望自己能變得更加完美一些，儘管他看起來，很負面很消極，卻也能激發一個人積極的鬥志。這或許就是很多父母為什麼一定要在孩子面前大肆表揚別人的原因。但對於一個堅信自我富足的人來說，他並不需要這樣變相的鼓勵，與其讓孩子在比較中受挫，不如提前讓他們預知到自己內在力量的強大，他們可以不再把視角聚焦於別人的功過成敗，而是更為輕鬆的活出自己，這種狀態不需要偽裝，也無所謂攀比，完全是自己真我的展現，而在這樣的教育氛圍中長大的孩子，很可能會比在嫉妒中自我崛起的孩子更能展現自己的天賦和才華。原因是什麼？原因很簡單，因為他們從來沒有被嫉妒束縛過，也從沒在缺失中壓抑過，他們始終相信自己是最優秀的，所以優秀就很自然的把他們引向成功了。

趙中華老師語錄

1. 嫉妒的毒，首先是從自我缺失的假象開始的。

2. 堅信內心的富足，就不會在自我比較中傷痛。

3. 沒有人願意接受別人比自己優秀，但倘若沒有了比較，內在的豐足就會足夠讓你快樂。

第二章
仁義不被物慾奴役，豁達安樂過人生

貪婪：永遠想要更多，這樣的貪婪怎麼遏制

　　家長問： 現在的孩子實在太貪婪了，前段時間家裡來了一個客人，孩子一看有人來，立刻興沖沖地跑過去，客人連忙送上禮物，他看了看，然後一臉不屑地拿著東西回房間了。事後我問他，怎麼那麼沒禮貌，他卻不以為然：「才給這麼一點點爛禮物，怎麼樣也得再包一個紅包才對嘛！」聽了這話，真的很生氣，怎麼現在的孩子都那麼貪婪？趙老師，面對孩子這樣的行為，身為家長究竟應該怎麼辦呢？

　　老師答： 一個人有慾望很正常，但是倘若對慾望有了執念，形成了貪婪，就很容易因此而飽受痛苦，所以在面對孩子這個教育問題的時候，家長一定要予以重視，既不能影響到他們積極進取的信念，又能維繫好他們常足的內在，我們要告訴他們，貪婪會為你帶來什麼，要讓他們知道其後果的嚴重和可怕。這樣才不至於因為過度的索取而招致屈辱，才不至於因為過度的慾望，而為自己今後的人生帶來禍患。

　　貪財而取危，貪權而取竭。

📖 **譯文：**

探求財物招惹怨恨，貪求權勢耗盡心力。

——《莊子》

　　那天看了一個有意思的故事，說大雪紛飛的一天，一個著名的作家走在英國倫敦繁華的大街上，忽然看到一個孩子趴在人孔蓋上哭泣，於是關切地走過去問：「小朋友，到底怎麼了？有什麼能幫你的嗎？」小男孩說：「我媽媽出門的時候，給了我一分錢，可是我不小心把它掉進下水道裡了。我只有這一分錢的零用錢。」聽到這話，作家關切地點點頭，

然後從錢包裡拿出一分錢說：「喏，你的一分錢回來了，這麼可愛的孩子，怎能沒有零用錢呢？」本以為就沒事了，可是看到錢的小男孩還是哭泣。作家不解地問：「錢回來了為什麼還要哭泣呢？」「如果我沒有把那一分錢掉進下水道裡，我就有兩分錢了。」作家聽了搖搖頭，又從錢包裡，拿出一分錢說：「喏，兩分錢也有了。」小男孩看了以後，還是很憂傷。作家問：「為什麼還要哭泣呢？」「如果，如果我沒有把錢掉進下水道裡的話，我現在應該有三分錢了。」聽到這話，作家站起身，什麼話也沒說就走開了。

有些時候，貪婪就是如此，它會把我們變成了一個無比可笑的人。本來一切都是豐足的，卻因為貪婪而讓自己的內心飽受折磨。這個世界上只有人祈求可以得到更多，沒有人願意讓自己因為各種原因越得越少。或許是因為我們原始大腦中存在著某種不安全感的記憶，所以總是渴望能夠把更多的東西掌握在自己手裡，這樣才能將內心的喜悅持續下去。但事實上，對於一個真正富有的人來說，那些別人不遺餘力在追逐的東西，未必就是自己該有的東西。當一切看破了、釋然了，就會突然間意識到，很多時候的追逐貪婪，多半帶有著一定的盲目性，我們總是死死地抓著渴求的慾望不放，卻從來沒有真正意識到，慾望是這個世間最虛浮的東西，如若真的向內挖掘，就會發現自己什麼也不缺。

就「得到」這件事而言，不同的人有不同的貪戀，而對於孩子而言，什麼東西能夠為他們帶來快樂，那麼他們就會很自然的對它產生貪戀，倘若這個時候，突然發生了一些變故，他們所貪戀的東西突然減少或是消失了，那麼後續強大的痛苦就會占據他們幼小的靈魂，為他們帶來無限的煩惱和困擾，很顯然，這對於一個孩子的成長是相當不利的。

　　那麼怎樣才能有效的幫助孩子抑制貪婪呢？與其總是喊口號，不如利用一些有趣的故事或是精彩的行為藝術表達去傳遞自己的看法。以自家孩子為例，當我的孩子產生貪婪之心的時候，我是這樣引導他的。

　　有一次孩子到購物中心去買玩具，看到這個也喜歡，看到那個也喜歡，明明說好只能買一個玩具，結果他硬是挑了四、五個，纏著我要買，我說：「這麼多玩具，你想要的太多了。」結果他滿不在乎地說：「這還多啊，我只拿了一點點而已，我想要的還有很多呢！」「你為什麼想要那麼多呢？」我問。「我就是想要那麼多，我想把玩具店裡所有玩具都帶回家去。」兒子無厘頭地說。聽了這話，我沉默片刻說：「把玩具放下，我們回家吧！」聽到這話，兒子很失望，說：「爸爸，你說好今天可以買玩具的。」「但是爸爸說只能買一個，可是你的貪婪卻想要更多，爸爸真的不能滿足你。」我說道。「那……那就買一個好了。」兒子眼巴巴地看著我。

　　最終，兒子挑了一個玩具，低著頭跟我走在了回家的路上。看著他有點狼狽的樣子，我拉著他的手對他說：「兒子，今天爸爸跟你講個故事好嗎？」「好啊！」一聽有故事，兒子精神來了：「爸爸，你要跟我講一個什麼樣的故事呢？」

　　「有一個小孩，船上放著財富、健康、智慧、成功、機會這五樣東西，突然在水中擺渡的時候遭遇了一些變故，船上只能留下一樣東西，你覺得，這個小孩應該拋棄哪四樣東西呢？」我問道。「這些都很重要啊，沒有哪一樣可以拋棄的。」兒子說道：「我哪個都不想拋棄。」「如果再加上玩具、快樂、時間，我猜你一定還會不停的往船上裝呢！」我打趣他說。「是啊，這些東西多好啊，如果它們都屬於我，那我豈不是什麼

都不缺。」「那你什麼都捨不得放棄，只是一味地貪婪於眼前，只好跟著這些東西一起沉底死掉嘍。」我說道：「船上只留下一樣東西。你有沒有答案？」「沒有。」兒子低著頭苦惱地說。

「傻孩子，只要能夠從中得到一樣東西，你就應該可以百分百的知足了。」我說道。「為什麼呢？」孩子問。「很簡單啊，爸爸隨便找幾個，分析給你聽。倘若你選擇智慧，智慧就帶著你得到財富、得到健康、得到成就、得到你想得到的一切，對不對？倘若你選擇富足，就意味著你會成為一個什麼都不缺的人，你的智慧是富足的、你的健康是富足的、你的金錢是富足的、你的機會是富足的、你手裡的錢也是富足的，對不對？倘若你選擇機會，那麼機會就帶你成就一切，你選擇成功，那麼你就會成功得到一切。你說，得到其中一個是不是就應該知足？」「哇，有道理啊！」孩子笑著說道。

「所以，人一定要懂得知足常樂，與其一味地向外去索取，不如好好珍惜眼前擁有的一切。」我摸摸孩子的小腦袋說道。「你看看你現在的貪慾，是不是就像沙子那樣，你把它握在手裡，總想要得到更多，你越是抓得緊，越是會失去更多，但是你如果能夠下意識地享受自己所擁有的，那狀態很可能就截然不同了。」聽了我的話，兒子若有所悟，從那以後，很少再看到他貪婪的小嘴臉了。

對於貪婪這件事，很多孩子的慣性是，總將自己的視角瞥向別人擁有的，看到別人有，自己就也想有，不管這些東西自己是不是真的需要，總之就是想要馬上抓在手裡，這種貪婪的起始，很容易讓他們的自我意識出現問題，讓他們在一味地追逐中迷失了自我。身為父母，想要解決這個問題，就要告訴孩子其中的利害關係，讓他們明白貪婪所造成

的不良後果，引導他們用心的珍惜當下的擁有，而不是一味地將索取的目光轉向外界，這樣孩子就會在自我富足的美好氛圍中快樂的成長，他會珍惜眼前的每一份擁有，最終有效維繫內在的常足，從一個一切向外的人，回歸於內在的真諦，而這就是對貪婪負面意識行為最好的節制了。

趙中華老師語錄

1. 不知道自己本來富足的人是最可悲的。
2. 貪婪總讓我們的欲求更多，但越是向外渴求，越是在證明自己內在的空虛。
3. 總覺得自己擁有得不夠，只能說明他是一個自卑感很嚴重的人。

利慾：突然有一天孩子對我說：「這個世界上只有利益。」

　　家長問： 前段時間和孩子一起探討人際關係問題，我問他現在身邊有幾個好朋友？他跟我說：「他們都把我當作好朋友，我也跟他們很好的樣子，但是我心裡從來沒有把他們當朋友，換句話說，我只是想利用一下他們而已。」聽到這樣的話，身為母親，我的汗毛都立起來了，我驚訝地問他：「你怎麼會有這樣的想法呢？」他卻像個小大人一樣對我說：「有什麼奇怪，媽媽，這個世界上，沒有永久的友誼，只有永恆的利益。」面對這樣的答案，你有什麼看法嗎？

　　老師答： 這個世界上，人與人之間存在彼此利用的關係並不假，但是倘若人際關係中，人與人之間存續的僅僅只有利益關係，那就是另外

一回事了。倘若一個人沒有付出，或是每一分付出都抱有著一定的目的性，那麼未來他所生活的世界，將會被他自己設定為冷漠的、沒有感情的世界。這很容易讓一個人因此而喪失奮鬥和勇氣，因為此時，他的意識，乃至於他所存續的空間中，除了利益已經沒有其他。在這樣的狀態下生活，一個成年人都受不了，更不用說孩子了。

> 子張問仁於孔子。孔子曰：「能行五者於天下，為仁矣。」
> 「請問之。」
> 曰：「恭、寬，信，敏，惠。恭則得眾，信則人任焉，敏則有功，惠則有功，惠則足以使人。」

📖 **譯文：**

子張向孔子問什麼是仁。孔子說：「能在世上實行五種品德，就可以說是仁了。」

子張說：「請問是哪五種？」

孔子說：「恭敬、寬厚、誠信、勤敏、慈惠。恭敬就不會受侮辱，寬厚就得民心，誠信就會得到別人的任用，勤敏就會工作有成就，慈惠就能夠役使別人。」

現在很多孩子比大人還要現實，總是裝成一副小大人的樣子，講起道理來也是一套一套的。其中最常見的事情，比如說父母要他倒垃圾，他會帶著一副體面的小臉說：「你利用了我倒垃圾，你該付給我多少錢呢？我的勞動是有償的，你不給我報酬，就是不珍惜我的勞動，那我就拒絕服務。」每當聽到這樣的話，父母心裡就很不是滋味。曾經就有一位家長喃喃地抱怨說：「我養你那麼大，每天都為你服務，你給我什麼了？現在竟然跟我說什麼利用關係，這樣的邏輯框架究竟是誰給的？倘若父母與孩子之間的關係都那麼現實，未來他走向社會，面對朋友還能好到

哪裡去？真的不知道該怎麼教育他了。」

　　其實，社會上的一些習氣，常常會讓孩子無形中耳濡目染，平時家裡談論的話題，大人們之間交際的方式，都很可能成為他們模仿的對象。起初，他們很難分清楚哪些是有問題的，哪些是沒問題的，只是覺得好玩，就堂而皇之地效仿了。基於這個問題，我進行了非常深入的觀察，發現很多「現實理念」之所以會出現在孩子的身上，主要原因，還是在於我們父母的功課沒有做好。

　　舉一個例子來說，我有一個學生，就跟我講述了家中她爸爸的一件事：

　　那天我接到一個電話，說是問卷調查，電話另一邊的小姐聲音很甜美，祈求我能夠把爸爸找來，配合她完成自己的工作。於是我找來了爸爸，爸爸接了電話以後說：「請問，接受問卷調查我能得到什麼好處？你耽誤我的時間是需要有償支付的。」當時電話那頭的小姐瞬間很尷尬，對爸爸說這次問卷調查是無償的，但是她剛剛到職，能不能幫助她完成這項工作。結果爸爸冷冷地說：「對不起，我沒有時間。我跟你之間又不存在利益關係，我為什麼要幫你呢？」說完就把電話掛了，嘴裡還喃喃地說：「這個世界，哪有那麼多幫助，你不給錢，我也不認識你，我憑什麼幫助你啊？」從那以後，我就開始無意識模仿爸爸，對待身邊人的求助也不是那麼熱情了，每當別人向我求得幫助的時候，我也會隨口說：「那你能給我什麼呢？」本來覺得這句話真的很酷，但是沒過多久，就發現自己的朋友越來越少了。可我還是不以為然，因為爸爸都是如此，我這麼做應該也錯不到哪裡去，人與人之間，不存在利益關係，我憑什麼幫助別人呢？

　　聽了這話，我當時也是一身的冷汗，父母的一言一行，全都在孩子的眼前，她嘴上雖然不說，但是心裡想什麼，形成了什麼樣的慣性思維，你真的了解嗎？說到這裡，我忍不住要提前給那些粗心的父母打一個預防針，就成年人的世界而言，它可能會含有一些冷漠的灰色成分，但至少在面對孩子的時候，還是要盡可能將這一切進行轉化，讓他們相信生活的美好，讓他們的精神意志保持在正向的和諧中，這樣孩子才會更像一個孩子，才不至於過早的對眼前的一切盲目判斷。唯有讓他們的靈魂長久保持在純真良善的狀態下，他們才有可能在今後的人生道路上尋覓到更多的幸福和快樂。

　　當然，倘若這個時候，孩子已經在潛意識中受到利慾心的影響，開始意識到對他人產生直白的利用心態，那麼這個時候，最要緊的事情就是亡羊補牢，幫助他們有效扭轉錯誤的思考模式。我們應該告訴孩子，當一個人帶著某種目的去接近一個人的時候，對方就會因為你直白的目的性產生防範，這樣反而不能有效解決問題。但是倘若此時我們能夠以善良的本性，不帶目的地去與對方互動，源源不斷地付出自己的幫助和愛心，那麼對方就會因為你的善意而對你形成好感、依賴，將你劃分到自己朋友的圈子。當你的朋友越來越多，你自心的能量就會越來越大，你會發現很多事情，自己還沒有想到，別人就已經開始向你伸出援手，你會發現自己每天二十四小時都活在了有朋友的幸福狀態中。這一切都不是簡簡單單的利用心就能實現的，你需要不斷的投入自己的愛心和情感，因為這個世界所有人的靈魂中，唯一不會排斥的，就是一個人傾注在他人身上的愛，所有靈魂的初始，都是因愛而來的。

　　或許在你說這些話的時候，孩子會露出一知半解的神情，但這並不

代表著，這一切沒有深入他們的意識，成為他們認真思考的一部分。當一個人，全然地奉獻出自己的愛，心甘情願無償地幫助別人，那麼別人對他無償的關愛也就在這一刻進入了他們的生活。我們必須要告訴孩子，想要別人怎樣對待自己，就要怎樣用心對待別人。每個人都是有智慧的，所以不要自作聰明，當一個人不再用利慾的視角看待世界的時候，這個世界才能真實的在他們的意識中傾注善意，每個孩子都值得擁有一個絢爛的未來，而就當下的路來說，身為父母，還是讓我們先來幫助他們奠定自我價值觀的基礎吧！

趙中華老師語錄
---

1. 以利慾心看天下，很可能下一秒，你就會被天下唾棄。

2. 這個世界上最偉大的利益，就是人與人之間愛的呈現。

3. 如果你的付出永遠帶著目的性，那麼你的目的性會很快被別人看穿。

自我：除了自己的事，其他的一概不重要

　　家長問：前段時間和小朋友一起出去玩，不小心扭傷了腳，痛得快要走不動路了。我對孩子說：「你看媽媽受傷了，走不動了，要不我們回家吧！」「不，我還沒玩夠。」孩子一臉不滿意地說：「媽媽帶我去水上划船。」當時我心裡一陣傷感一陣憤怒，不知道該怎麼形容內心的情緒，為什麼此時自己心愛的孩子，心中只有自己，除了自己的事情，其他的一概都不重要？我知道，身為父母，我是有責任的，要想解決這個問題，

究竟該如何引導他呢？

老師答：很多孩子之所以心中只有自己，源自於從小到大，所有人都把他看作是最重要的，因為一向覺得自己重要，所以內心的小我不斷膨脹，導致他們一切都以自己為中心，從來不會主動覺察別人的需求，這樣的情況在很多成年人身上一樣存在，主要原因就在於原生家庭不當的薰陶和暗示，導致他們失去了關心別人的能力，因為不會關心別人，所以很容易形成自我孤立，這就是為什麼有些人會在成熟以後，莫名陷入關係被動的原因。

孔子曰：「不知命，無以為君子也，不知禮，無以為立也，不知言，無以知人也。」

📖 譯文：

孔子說：「不懂得命運，無法成為一個君子；不懂得禮，無法立足於社會；不懂得分析別人的言語，無法了解別人。」

有一次和一個剛剛考上知名大學的年輕人聊天，在聊天中他說自己的媽媽得了白血病，需要骨髓移植，而他順理成章地就成為了那個需要穿刺捐骨髓的對象。可是他對於這件事很焦慮，始終在擔心自己的身體，這讓我倍感意外，一個如此健壯的年輕人，救母親的命本來是義不容辭的事情，怎麼內心中對自己的利益如此看重呢？之後他說了很多自己對未來的人生規畫，但是對母親的事情隻字不提。於是我轉過話題問他：「你為什麼不多談談媽媽的事情呢？」「有什麼好談的，她現在在醫院，骨髓移植也成功了。可是我現在想起來就苦悶，這種骨髓移植不是一次就結束了的，需要延續她一生，也就是說我需要源源不斷地提供骨髓養著她才行，可是這樣的狀態我真的吃得消嗎？我的人生才剛剛開

始，我有那麼多的計畫還沒完成，我以後還要工作，成家立業，我真的不知道這樣的身體折磨要到什麼時候才能結束。」

聽了這樣的話，我一時間沉默了，作為一個旁觀者，我不想去指責什麼，但心中還是有自己的看法的。我在想，倘若這個時候，躺在病床上的是他自己，命懸一線的抉擇面前，身為父母，恐怕不會有這樣的猶豫吧。這就是當下家長教育中一個非常難以攻克的漏洞，我們總是把孩子看成是生命中最重要的，可是孩子在接受到這個訊息的時候，潛意識中的那個自我便開始不斷昇華，他們始終被暗示：「孩子的事情才是最重要的，我們的事情不用你操心。」以至於最終，他們無形的在意識中接受了一切，開始去相信，開始去認同，開始對自己說，天底下的事情、別人的事情，都沒有我自己的事情重要。

想想吧，在教育孩子的過程中，你究竟說了哪些不該說的話？你對孩子說：「家裡的事情什麼都不要你操心，好好專注在你的學業，爸爸媽媽吃苦受累，只要你長大了有出息就行。」「不要做家事了，這些事情都不用你做，快去念書吧，你的人生都在這裡面呢！」「今天做了你最喜歡吃的紅燒肉，爸爸媽媽少吃，你要多吃一點。」顯然，你讓孩子從小就有了這樣自我優越的慣性，以至於他們順理成章的覺得，一切都是想當然應該接受的。而我要做的，只是努力的去做自己想做的事情，其他的事情根本就不是我的事情。

所以，最終的結果是什麼呢？孩子把別人的付出看成是天經地義，把自己的事情看成是不可侵犯。只要什麼事情觸動了自己的利益，就應該想當然的要對方讓步，因為在他的意識裡，所有的人本來就是應該為自己服務的。試想一下，倘若我們的孩子長大成人，始終以這樣的方式

面對別人，面對社會，甚至對待家人，他的人生將會遇到怎樣的難題？而失去了父母協助的他，真的就能闖關成功嗎？

前段時間，聽到一句非常經典的話：「社會不是你家，沒有人哄著你、讓著你。」面對社會的現實，倘若心中只有自己，便沒有朋友，沒有朋友，便無所謂天下，每天抱著自己的利益前行，從來沒有意識到別人的需求，那別人又為什麼一定要去刻意考慮你的需求呢？對於孩子的成長而言，父母的愛是有限的，即便現在他們可以在我們的臂彎下無憂無慮的成長，但是倘若心裡始終沒有別人，不懂得給予，即便是之後，成績出色，考上了知名大學，有了很好的工作前景，等待他的痛苦碰撞一定不會少，原因就在於他們對別人的需求感知力是有限的，他們對別人的愛和關心是有限的，他們無法在付出中尋覓到快樂，在他們的格局中，除了自己的價值以外，從來都看不到別的，這便是一種自我人格的缺失，一旦成為固定的模式，想要重新推倒重來，幾乎是不可能的。

所以想想自己在孩子成長的過程中所扮演的角色，我們是不是把自己的定位設計得過於強悍，讓孩子覺得只要身邊有這樣能幹的父母，自己除了自己以外，其他的什麼都不用去考慮？我們從來沒有求得他的關心，從來沒有求得他的感恩，但等到我們想要收穫果實的時候，卻發現等待自己的除了失落，什麼都沒有。當自己生病的時候，喝不上孩子端來的一口水，當自己需要分擔的時候，他卻說自己的事情還沒忙完。當自己需要安慰的時候，他只是懶懶地說：「好睏，爸媽我睡了。」這才發現他已經習慣了在你說出需求的時候提前離場，每當你需要他的時候，他很少會第一時間心甘情願的出現在你面前。而真正導致這一切的不是別人，正是我們自己的教育模式出現了問題。

　　那麼究竟該怎樣解決這個問題呢？我的看法很簡單，與其等到老了的時候，才下意識地說明自己的訴求，不如現在及時示弱，反過來引導孩子來照顧自己。我們可以對孩子說：「寶貝，外面的世界很大，爸爸媽媽也不是全能的，我們每天用心照顧你，但同時我們也需要你的關心，我們需要彼此源源不斷的傳遞愛的力量，這樣才有信心能將生活過得更好。」我們可以下意識的針對一些問題，向孩子求助，聽聽他們的意見，然後帶著一種幸福的表情說：「哇，我的寶貝好棒，這麼小就開始幫助爸媽解決問題了。」每當你說出這樣的話的時候，孩子對他人的感知力就會順勢的被激發出來，當這種感知贏得了父母的鼓勵，他們就會源源不斷地強化自己的付出意識，他們會開始意識到，原來在這個世界上，除了自己的事情，別人的事情也很重要，人生中最快樂的事，就是讓身邊人因自己的存在而幸福，如果一個孩子能夠從小意識到這一點，他的內心就會不斷地向他人投射關心，他的世界格局會自然而然的脫離小我，變得更包容、更寬廣、更富有愛的感知力。

　　就人生而言，即便你真的很強大，也很難靠著一己之力獲得成功，但倘若你能夠奉獻自己的愛心，對他人的需求自然的保持關切，便會自然而然的從中獲得助力，當一個人把別人的事情當成是自己的事情，便會在這種投入中源源不斷的獲得快樂。與其日後抱著孤立的自己，一路前行，不如從現在開始，教會孩子如何在付出中尋覓幸福，這將是他們受用終生的一課，而這一課，再也沒有比父母去直接引導更合適的了。

趙中華老師語錄

1. 心中有小我，無以成大我。

2. 一個只對自己事情保持關切的人，已經沒有空間再去關照別人了。

3. 與其盲目的強悍，不如成為孩子眼中那個永遠需要他照顧關懷的人。

竊喜：別人犯錯，他竟然在那裡幸災樂禍

家長問：最近發現孩子有一個特別不堪的壞毛病，那就是看到別人出問題，他會幸災樂禍。有一次老師將他的一個朋友留下來訓話，他竟然超級興奮地跑到我面前說：「媽媽、媽媽，你知道嗎？小超被老師留下來了，這下他可倒霉了，據說還要請家長來呢！」「那你為什麼那麼開心呢？」我問道。「我開心啊，因為他活該啊，明天正好看看他的笑話，誰叫他前兩天那麼神氣。」聽到這些話，我頓時皺起眉來，心裡莫名的多了一絲憂慮，對於這樣的問題，老師有什麼引導的方法呢？

老師答：孩子看著別人幸災樂禍，首要原因在於，他們的內心深處充斥著某種自卑的陰影，因為意識中總覺得自己難以超越對方的優勢，所以才會在他倒楣的時候，莫名的產生喜悅感。這種感覺就好像，心中競爭的對象，終於被從神壇上拉下來，而這時候的自己，終於可以好好體驗一下高於他的優越感了。這種內在標的的失衡，最終導致了他們言行上的失態，想要解決這個問題，就要好好培育他們的平等心，舒展他們人與人之間的平衡意識，這樣才能有效促成他們對於他人的誠懇，摒棄看人笑話的惡劣習氣。

子曰：先事後得，非崇德與？攻其惡，無攻人之惡，非脩慝與？一朝之忿，忘其身，以及其親，非惑與？

📖 譯文：

孔子說：先付出努力，然後收穫，補救提高品德了嗎？整治自己的壞毛病，不去批判別人的壞毛病，不就消除了別人心中的怨恨了嗎？由於一時的忿怒，就忘記了自己，甚至連父母都不管了，這不就是糊塗嗎？

前段時間看留言，有個家長寫給我一個好長的段落，我隱隱地感覺到了他內心的焦慮，他說最近孩子出現了一些讓自己困擾的問題，而自己卻對這一切束手無策，不知道怎樣更好的幫助孩子：

趙老師：你好！

這段時間我一直在反思自己，是不是自己成年人的意識問題無形地影響到了自己的孩子。他現在還這麼小，在自我認知上那麼的薄弱，卻已經顯露出了一些心理的陰暗面。那天帶他出去玩，別的孩子跑在他前面，突然間摔了一跤，坐在地上哭了起來。我本想鼓勵孩子上前去攙扶他，可沒想到孩子卻突然狂笑起來，好像看到了一件非常有意思的事。我拉著孩子問：「看到別人倒楣真的那麼好笑嗎？」他喃喃地說：「我也曾摔過啊，想不到這一次輪到別人了。」聽到這話，我一時之間不知道該說什麼好。只是覺得這樣的表現發生在一個涉世未深的孩子身上，實在是太不可思議了。

回家以後，我將今天發生的事情告訴了太太，她也很是驚訝，覺得小小的孩子怎麼會有這樣的心理表現？她說：「會不會我們平時說了什麼影響到了他呢？」聽到這話，我腦袋嗡的一下，想到自己工作期間也曾經存在過這樣的心理，不自覺地懺悔了一頓。可是對於孩子，他哪懂得其中的利害，我希望他是單純的，希望他有一個天真無邪的心靈，而面

對當下的隱患，作為父母，我們究竟應該為孩子做些什麼呢？

看到家長的留言，同樣為人父母，我自然也有一番感慨。很多時候，孩子之所以會出現一些讓我們無比驚訝的舉動，其根本原因在於，他看待外界的潛意識在源源不斷地發生變化，幼年是孩子德育教育的塑造期，我們需要將一些正確的理念透過愛的方式傳導給孩子，這樣才能有效的幫助孩子塑造正確的人生觀，幫助他們更健康更快樂的成長。

對於孩子幸災樂禍這件事，除了要從自己身上找原因外，最重要的核心還是要找到切實有效的引導方法，讓孩子在自己的引導下意識到問題的嚴重，從而有效的將內心不良的信念消解掉，這樣才算是真正意義上的幫助到了孩子。拿自家孩子做案例，同樣的問題，我是這樣引導孩子的。

有一天孩子從幼兒園回來，一臉竊喜地說：「爸爸、爸爸，你知道嗎？一直愛欺負人的那個大塊頭丁丁，今天被老師罰站了半個小時，哼，看他還敢不敢神氣，今天可以說是我上學以來最開心的一天了。」

聽到這話，我皺起眉頭說：「別人倒楣，你就這麼開心啊，兒子。」「他活該！」兒子滿不在乎地說：「我就是很開心。」聽到這話，我放下手中的書，決定跟這小子好好談談。於是把他拉過來坐在沙發上說：「爸爸問你，丁丁和你是什麼關係啊？」「同學啊！」兒子說道。「你覺得你現在的狀態比他優越嗎？」我半嚴肅地問道。「也算不上優越吧！」兒子說。「對，你跟他始終都是平等的關係，如果有一天你犯了錯誤，別人也這樣在暗中竊喜，你覺得你能接受嗎？」我問道。「這……但是……」眼看著兒子詞窮，我接著說道：「兒子，幼兒園裡的所有同學跟你都是平等關係，這個世界上所有的生命都不分貴賤的，如果看到別人痛苦自己開

心，那麼等同於在別人的痛苦上又加了一塊石頭，這樣的人，誰還願意跟他做朋友？」「那……那他就是犯錯了呀！又不是我讓他犯錯的。」兒子反擊道。「不是說別人犯錯了是你的責任，而是要你切實的擺明自己的態度。這個世界上，每個人都會犯錯，而你秉持著剛才的態度，也是一種錯誤，不是嗎？」「那……那好吧！」兒子皺著眉頭一聲不吭了。

看著他困擾的樣子，我拉過他的小手拍了拍說：「想知道正確的處理態度嗎？」「什麼？」兒子問道。「這個世界上，所有的人都是自己的老師，不管在別人的人生中，出現了什麼，仔細地去思考，都可以從中獲得很多東西，別人的成功是我們可以借鑑的，而別人的錯誤同樣也是值得我們學習的。這個時候你該做的不是竊喜，而是要好好想想，同樣的問題，發生在自己身上，自己又該怎樣處理，怎樣才不至於跟他犯同樣的錯誤。秉持著這樣的信念，兒子，你的人生格局就大了。」聽了這話，兒子的眼睛突然亮了起來，這個陋習從此就在他的世界裡消失了。

之後的生活中，我也曾聽他說過某某在學校出現了什麼問題，但我馬上就會問他：「那兒子，你從中學到了什麼呢？」每到這個時候，他都會給我積極的回饋，直到有一天他說：「爸爸，我突然覺得，我跟同學之間的關係越來越平等了，他們說跟我交朋友沒有壓力，因為只有我，在他們出現問題的時候，從來不看他們的笑話。」

改變很可能就是生命中的一瞬，當一個人接收到了正確的信念，並將這種信念快速地融入內心，當他開始下意識用更完美的意識更新自己的頭腦，或許在第二天，別人所看到的他，就是一個截然不同的自己。現在的孩子，正是自我意識塑造的最佳階段，我們不要害怕他會在生活的過程中，出現問題和錯誤，而是應該因自己提前看到了問題所在而欣

喜，此時的你，就是他們靈魂中最值得依靠的導師，我們只需要告訴他們方法在哪裡，只需要引著他們拓寬自我的思路和格局，或許就在明天，你就能見證一個孩子蛻變後的成果，並在他們的轉變中，源源不斷地獲得感動、驚喜和成就感。

趙中華老師語錄

1. 人生最寶貴的東西，往往是我們從過錯中不斷學習和增加經驗。

2. 如果因為別人的過失而竊喜，便是將自己融入到了更大的過錯裡。

3. 不要因為別人的失利而讓自己展現出一種傲慢的優越感。

是非：傳閒話，挑撥離間說是非，這是什麼心理

家長問：最近發現孩子有一個壞毛病，到現在談起來，依然令自己生氣不已。前段時間，我媽媽幫我帶孩子，結果這壞小孩在大人之間傳閒話挑撥離間，搞得大人之間很不安寧。看到這樣的事情，我就問他：「你到底還想添什麼亂子？」結果他竟然喃喃地說：「怕了吧，你要敢打我，我就去告訴奶奶。」聽了這話，我真的氣不打一處來，小小年紀，就有了這樣的心理，對於這樣的狀況，我到底該怎麼處理呢？

老師答：人之所以會出現說是非的行為，主要原因就在於他的內心想要得到足夠的重視。而這種被重視感，始終沒有達到自己的預期，所以才會以生事端這樣的行為，去引起他人的注意。這在孩子的心理特徵中是極其常見的。面對這樣的事，最有效的方法就是團結家人一起對抗這種行為。當孩子下意識地說是非時，如果所有的家庭成員都能秉持沉

051

默的態度，暗示他這是一種無聊的行為，那麼時間長了，沒有機會可講，他自己就會意識到問題的所在，這時候再去加以引導教育，就會更輕鬆、更容易了。

子曰：君子成人之美，不成人之惡，小人反是。

📖 譯文：

孔子說：君子成全別人的好事，不促成別人的壞事，小人與這相反。

那天和朋友一起吃飯，朋友就開始跟我抱怨現在小孩之間的關係之複雜。我當時感覺很詫異，要說孩子的世界是最單純的，怎麼會用複雜來形容呢？朋友告訴我說：「我女兒的學校啊，現在孩子與孩子之間各自有各自的地盤，而且地盤與地盤之間還存在爭鬥，這一點老師都知道，但是沒有辦法管。有些孩子，就開始在地盤之間做文章，相互探聽虛實、挑撥離間，那種鬥法啊，不知道在哪裡學的，快追上《甄嬛傳》了。」聽了這話，我更詫異了，倘若孩子小小年紀，就開始存在這樣的心理，那長大以後的內在健康絕對是成問題了。

很多家長都經歷過孩子多嘴多舌挑撥離間的事情，起初很多人沒有在意，覺得孩子就是淘氣，但到後來，他們越來越發現問題沒有這麼簡單，這種由內而外表現出來的行為，似乎存在著某種意識和心理的缺失，但究竟到底缺失了什麼，很多父母都是看不清楚的。

單從心理學角度來看，很多孩子之所以會有這種行為，原因是多方面的，其中最重要的一個原因就在於他們渴望得到足夠的重視，渴望能夠在大家面前進行自我表現，他們特別希望成為別人眼中非常重要的人，但是到目前為止，這種願望始終沒有達成。時間久了，就促成了內在的不安，最終導致了後續一系列的行動。其主要目的不過是引起別人

的注意，讓別人意識到自己的存在，儘管這種行為是負面的，但在達到效果的時候，還是會引起他們內心的興奮，隨後所帶來的就是一種自我的滿足，這時候有些孩子會覺得，自己是最聰明的，最有能力的，可以把所有人弄得團團轉，有些孩子則認為，這一次自己非常完美地展現了自我，別人終於透過這件事注意到自己了。總而言之，這樣病態的思維，會最終影響到他們內在的健康發展，讓他們在潛意識中，形成某種消極陰暗的負能量。

對於挑撥離間這件事，古往今來，傳統教育是嗤之以鼻的，孔子就說過：「君子成人之美，不成人之惡，小人反是。」說的是一個人一定要摒棄人性中挑撥離間的負面作用，讓自己的內心保持清淨，用積極的正念思想和行為去影響別人，這樣才能成就正人君子的作為。對於孩子的教育，也是如此，我們首先要讓他能意識到，這樣的舉動，會對自己的未來帶來怎樣的隱患，同時也要以自己的行為對他們的錯誤動機進行抑制，從根本出發，消除他們意識中陰暗僥倖的部分，這樣才能有效地引導他們重新步入正軌。很多朋友可能會說：「趙老師，你是不是把問題說得過於嚴重了？」但我想說的是，如若現在身為父母的你，不及時採取措施，後果很可能比我說出來的還要嚴重。

我們都曾經聽說過張儀、蘇秦的故事，當年的蘇秦，掛六國相印，將六國統一起來，一起對抗秦國。而張儀，卻運用了挑撥離間的方法，讓六國重新凌亂起來，不再團結，從而為秦國能逐一擊破他們，立下了汗馬功勞。單單一個挑撥離間，就能讓國攻打國，人與人之間，從此不再信任，多少人會因此而遭遇禍患，又有多少人內心無法消解內心的憤恨呢？張儀，蘇秦，當時不知道天下有多少人想要除之而後快。原因就

在於，他們離間的智慧，實在是太狠，太容易造成痛苦了。儘管不是君子所為，但被利用起來，殺傷力是非常強大的。如果一個人在道德水準上，沒有達成一定的定慧功夫，就堂而皇之的亂用一氣，那麼很可能在傷害了別人的同時，也傷害了他們自己。

所以對於孩子的教育，首當其衝，就要滅掉他們的是非心，要快速的消解他們對這種行為的慾望，讓他們自覺地將這種意識在自我的世界中摒棄。那麼，有什麼好辦法可以有效的解決這個問題呢？看看我親身指導的一個案例，或許能夠對你有所幫助：

這天一個朋友沒好氣地來找我，說：「我家的孩子總是說閒話挑撥離間，最近我和他媽總是因為他的事情吵架。我發現他別的本事沒學會，壞主意卻長了不少，把聰明全用到這裡了，真不知道該怎麼辦。」

聽了他的話，我說：「別急啊，我有辦法。」他聽了以後轉過頭問：「你有什麼辦法？」我說：「那得你跟你的太太一起配合才行。」於是我小聲地將祕訣傳授給他，他聽了以後，便信誓旦旦地說：「聽了你的計策，我心裡終於有譜了。」

這天回家，孩子又犯了離間是非的毛病，這次夫妻兩個人聽了以後，全都沉默，到了吃晚飯的時候，兩個人對孩子也是一句話都沒有，只是單向的彼此互動。孩子一邊吃飯，一邊觀察情況，覺得好像是出了問題，卻不知道該怎樣應對。後來到了晚上看電視，孩子想看卡通，爸爸卻對媽媽說，你說我們是不是應該看看教育新聞，看看現在愛說是非的孩子究竟應該怎樣教育。

聽了這話，孩子大叫起來：「你們不就是說我嗎？我錯了，行了吧。」說完就蹲在地上哭起來，這時候朋友轉過身說：「現在知道錯了？你知

道這樣的行為有多麼無聊嗎？這個世界最讓人厭惡的就是說是非的人。倘若你不能以一顆坦誠的心去面對身邊的人，別人又怎能真誠的對待你呢？與其到了那時候讓全世界的人都不理你，還不如我們現在就不理你算了。」聽了這話，孩子低下了頭，從此以後，再也不亂嚼舌根了。

想讓孩子接受正確引導，就要看清他們背後的心理動機究竟是什麼。我們要讓他能夠意識到單靠這種負向的方式是很難達到預期目的的，我們要讓他們明白，妄圖以是非心成就的目標，很可能會為自己帶來怎樣嚴重的後果，我們要讓他知道這一舉動的無知和無聊，這樣才能抑制住他們繼續行為的興趣，從潛意識中徹底根除壞習氣，端正自己的意識態度，從此不敢再有類似的僥倖心理。

父母是孩子生命中的朋友，同時也是他們來到世界的第一個老師，我們需要及時的亮明自己的原則，同時也要把孩子培育成一個原則的人。唯有及時根除他們內在不良的動機和隱患，才能幫助他們更健康的成長，或許有一天他們長大了，一個人在外面打天下，每當回憶起那段童年的歷程，也會心中暗自慶幸，那時候的老爸老媽實在太明智了。

--- 趙中華老師語錄 ---

1. 用是非心引起別人的注意，別人只能注意到你的無趣和無聊。

2. 秉持沉默，做一個有原則的人，才能有效的將是非剝離開你的世界。

3. 與講是非的人劃清界限，是一個人最有智慧的選擇。

第三章
誠信讓孩子在自我兌現中長大

無則：天天「放人鴿子」，說好的事情轉眼就忘

家長問：我的孩子有一個最讓我難以忍受的毛病，就是說話好像眼前的一陣風，信誓旦旦地說，過一會的工夫就全被吹得一乾二淨。對於答應別人的事，常常「放鴿子」，明明約定好的事情，等到你問他的時候，他總是一臉茫然地說：「是嗎，我說過這樣的話嗎？我怎麼不記得了？」這樣的出爾反爾，對自己的承諾不計後果的行為，我真的不知道怎麼引導他，有一次我跟他說一個人的誠信是很重要的，可他卻說：「我只是隨便說說，真的有那麼嚴重嗎？」

老師答：對於誠信這件事，首先要讓孩子看到其中的價值。經常「放鴿子」，是因為他的世界中從來沒有把別人對自己的期許放在眼裡，對自己說出的話，也不存在任何的責任心。所以，才會信口的承諾，隨意「放別人鴿子」。這一點源自於父母對他們的過度包容，從小就沒有讓他們意識到說到就要做到的重要性，也從來沒有讓他們真正經驗過失信所要承擔的後果。所以才會出現現在的問題，才會讓他們對自己的言談如此的不負責任。

子曰：人而無信，不知其可也。大車無輗，小車無軏，其何以行之哉？

📖 **譯文：**

孔子說：「身為一個人，卻不講信用，我不知道那怎麼行得通！這就像大車上缺少輗，小車上缺少軏，這車怎麼能走呢？」

前段時間遇到一個媽媽，她告訴我，現在的孩子越來越沒有準則了，本來說好的事情，從來不當真，到處「放人鴿子」。前段時間孩子

就出現了這樣的問題，和同學說好第二天一起去遊樂園，結果人家小朋友早早的在樓下等，他卻在那裡熟睡賴床。後來小朋友等不及了，打電話來家裡說：「阿姨，東東跟我說今天要去遊樂園玩，他怎麼現在都沒下來啊？」我才知道有這回事，忙去問孩子怎麼還不起來，可沒想到得到的答覆卻是：「我不想去了，就這麼簡單。」然後轉過頭繼續睡覺。我當時就覺得生氣，怎麼可以隨便放人鴿子呢？於是把他叫起來要他趕緊下樓，他還一臉不樂意，好像這世界上所有的人都欠他一樣。看到他那副樣子啊，心裡就想，現在孩子還小，倘若這種「放鴿子」的毛病成為習慣，長大了以後可怎麼辦才好？別人一次相信你，兩次原諒你，三次說不定就要開始懲罰你了。到時候真出了問題，回來再找父母，我們也管不了啊！從小就不守誠信，把所有的事情都不當一回事，簡直是愁死我了。

聽到她的抱怨，我頻頻點頭，現在很多孩子都是這樣，明明說好的事情，第二天就忘得一乾二淨，你問他為什麼沒有去做，他還會跟你打馬虎眼說：「有這回事嗎？」之所以會出現這樣的問題，主要原因在於，現在的孩子始終都是在極具包容力的家庭氛圍中長大，很多時候，孩子出現了問題，父母總是以寬恕的方式去善待他們，以至於讓他們覺得，自己不管做了什麼事情，到最後都會得到他人的諒解，也就因此漸漸不拿別人的事情當一回事了。於此同時，很多問題也出現在我們大人自己的身上，明明答應孩子的事情，轉眼間就忘了，明明承諾孩子考試一百分就吃一頓肯德基，到了關鍵時候卻退縮了。乍看這些都是家庭瑣事，算不得什麼大問題，可對於孩子而言，倘若父母「放自己鴿子」，自己必須全然的包容原諒，那麼自己「放別人鴿子」也理所應當獲得這樣的待遇吧！

有一次我就跟一個孩子聊天說：「告訴我，你為什麼總放別人鴿子？」他說：「其實也沒什麼，當時只是隨便說說，說完了就忘了，也不經大腦，想不到對方竟然當真了。趙老師，這不是很平常的一件事嗎？我爸爸媽媽經常跟身邊的朋友說：『明天過來家裡吃飯吧，包餃子。』可是到後來誰也沒有來我們家做客。』當時我就覺得，很多說說而已的事情，大家都是心照不宣的，他當真是他的事情，而我隨便說說，他誤會了，是理所當然可以諒解我的。」我聽了以後搖搖頭說：「你這個思路有問題啊，倘若只是隨便說說，你就是在某種程度上誤導對方，一旦對方當真了，你的承諾就等於在他的心裡生效了，這就好像一張口頭達成的合約協議，你既然說了，就要做到啊，如果知道自己做不到，那最好的方式就是管住自己的嘴巴，不要信口的承諾，否則會給自己帶來很大麻煩的。」

看著我一臉堅持的樣子，這個孩子臉上也是一臉過不去的表情，他對我說：「世界上哪有那麼多承諾啊，很多都是隨便說說的，倘若一切都要當真，那乾脆不要說話好了。我身邊的朋友也是經常這樣說啊，我從來不當真，我爸爸媽媽也經常『放我鴿子』啊，我還不是要原諒他們，所以我覺得，我那些只是說說而已的事情，真的也沒那麼過分吧。」我聽了以後，對他說：「當別人放你鴿子的時候，那一剎那你的心理反應是什麼？你腦子裡的第一個想法是什麼？」他想了想說：「一定是非常不高興啊，覺得這個人真討厭。」「就是啊，你既然體驗了這樣的心情，又為什麼要將這種狀態傳播給別人呢？難不成你已經對這種感受產生了某種不一樣的心理變化，想要下意識地變相報復，讓更多的人，對你乃至對身邊的所有人產生不信任嗎？」聽到這樣的話，孩子低下頭什麼也不說了。

其實就放鴿子這件事，其中的心理演變是很微妙的，今天你欺騙了我，讓我的計畫落空，明天我就要以同樣的方式來對待你，讓你也知道計畫落空究竟是什麼感覺，於是這個世界就莫名的形成了一種風氣，一種互不信任互相欺騙的氣場，在這個氣場中，不要說孩子，就連大人都會順勢自我迷失，以至於走來走去，有一天忽然意識到，內心中的某種最珍貴的東西不見了，我們開始懷疑別人的真誠，開始拿身邊人的事情不當回事，開始隨便找藉口，開始一而再再而三的自我錯過，在這個過程中，人不但可能失去生命中最真摯的友誼，還可能因此失去很多機會，越是走到成年，我們越會意識到誠信的重要性，倘若孩子從小就沒有對此養成習慣，那麼越到後面，越會有麻煩找到他們。

說到這裡，很多家長一定會迫不及待的問，那趙老師，我們應該怎樣有效的幫助孩子呢？其實論技術，只需要做到兩點，就足夠可以讓他們改正自己的陋習。

📖 **首先，自己要起表率帶頭作用。**

很多父母工作忙，忙到最後，許諾孩子的事情沒有做到，等到孩子追問的時候，就會有一系列的理由推脫，推脫不過去了，乾脆發一頓脾氣震懾住他，這樣好像一切就都過去了。但事實上，這樣的方式對孩子的教育是很不利的。倘若有一天你發現孩子在放鴿子，想要好好引導教育的時候，他們或許會板起小臉反駁道：「你那天不是也一樣放我鴿子嗎？」試想一下，倘若在這件事上讓孩子抓住了小辮子，即便是自己再有精妙的口才也會啞口無言吧！

📖 **第二，適時地實行懲罰措施。**

之所以要懲罰，並不是說要給孩子帶來多大的痛苦。而是要讓他們知道，在未來的人生中，一個不守誠信的人，必然會因此失去生命中最寶貴的東西，我們可以暫時保管他們心愛的玩具，或是取消一項本來跟他們約定好的出遊活動，告訴他，如果下次再有這樣的事情，很可能會因此而失去更多，這樣就無形的將這個概念強化給了孩子，讓他們意識到，倘若自己再這樣草率地輕諾寡信，所要承擔的後果是很嚴重的。

總之，對待孩子，與其天天說事實講道理，說一些他們聽也不愛聽，想也想不明白的話，不如身體力行，用一些最簡單的行為模式，去強化他們的自我意識，告訴他們如何信守個人原則，如何承擔起自己本應承擔起的責任，這才是孩子道德教育的核心基礎，唯有牢固這個基礎了，孩子的未來才會因此而更加精彩，而身為父母的我們才沒有玷汙了自己身為父母的使命啊！

趙中華老師語錄

1. 今天放別人鴿子，明天世界放你的鴿子。

2. 社會很現實，不是什麼事情都能寬恕包容你的。

3. 把失信的痛傳播給別人，換來的只能是傷痕累累的人生。

自欺：剛剛許下承諾，沒兩個小時就忘得一乾二淨了

家長問：我家的孩子什麼都好，就是沒長記性，今天信誓旦旦地答應你「我一定要……我一定會……」，不到兩個小時，就把一切忘得一乾

二淨，你問他的時候，他會突然間頓悟一般，然後再信誓旦旦地許下承諾，之後還是三分鐘熱度。每次看到他那個樣子，總是無奈，這不是自我欺騙嗎？這樣的耐力，長大以後怎麼能成事？老師，身為父母，我們究竟該怎麼辦呢？

老師答：告訴孩子承諾在一個人人生中的分量，一句話倘若要以承諾的方式表現出來，那麼這表示，一個人已經決定要對之後的一切擔負起責任。承諾不是普通的一句話，他起始於內在的決心，絕不僅僅只有下決心那麼簡單。這一點需要父母為孩子做出表率，所謂言出必行，但凡話說出去了，就一定要落實到位，這樣才能成就想成就的，擁有想擁有的，成為別人認可和尊重的對象。

子欲居九夷。或曰：「陋，如之何？」子曰：「君子居之，何陋之有？」

📖 **譯文**：

孔子想搬到九夷去居住。有人說：「那裡實在太簡陋了。去那裡怎麼生活呢？」孔子說：「君子居住在那裡，怎麼會簡陋呢？」

惰性是每個人身上都具備的弊病，別說是孩子，就成年人來說，這樣的困擾同樣存在。今天信誓旦旦地說要減肥，結果家裡炒了幾個好菜，便就此動搖，對自己說：「那就明天再進行計畫吧！」明明說要每天堅持運動，結果一覺醒來，還是捨不得離開被窩，翻過身來繼續睡回籠覺；明明說今天帶孩子去遊樂園玩的，結果自己改變了主意，孩子期盼了一個星期的願望，頃刻間就泡湯了。你覺得這一切都是小事，又有什麼問題？可事實上，你每天在家做了什麼，孩子那雙小眼睛始終都在看著你，倘若你有那麼幾件事，讓他抓住了小尾巴，很可能在下一段歷程

中，他便也開始將承諾順理成章的歸類於平常，將它看成是一件並不重要的事，想要堅持，就堅持一下，不想堅持了，便拋擲腦後，大人世界裡的忽視，很可能會變成是孩子世界裡的影子，循序漸進的為他們尋覓放棄的理由。這也就是為什麼，有些孩子頭一天會雄心壯志許下決心，第二天便轉眼變成了另外的樣子，將承諾拋到了九霄雲外，直到我們問：「寶貝，你不是答應過……」他才好像突然有點恢復意識，搔著小腦袋說：「哦，是嗎？好像是有這回事啊！」

　　儘管為人父母，初來乍到，面對孩子，我們也沒有太多的經驗，而當我們向內挖掘的時候，就會發現，孩子身上出現的問題和毛病，在自己的身上往往同樣存在。想要讓他蛻變得越來越完美，就需要我們也認真的做好自己的功課，這樣才能陪伴他們一點點的盡善盡美。可在生活的過程中，並不是所有的父母都能意識到這一點，而其中最不該做的事情，就是對孩子輕易許下承諾，然後再找出各種理由來「放他們的鴿子」。

　　有一個著名的古代故事，想必大家都聽說過，說孔子的弟子顏回有一天回到家就開始磨刀，妻子問：「你磨刀做什麼啊？」顏回轉身說：「你忘記了？今天早晨的時候，兒子纏著要跟你去趕集，你說要他乖乖待在家裡，回來以後就殺豬燉肉給他吃。」「哎呀，小孩子，我跟他說笑呢！」妻子說道。「那不行，如果這一次你欺騙了他，下一次他就不拿承諾當回事了，絕對不可以向他灌輸這樣錯誤的想法。」於是，儘管顏回的家一貧如洗，但最終身為父親的他還是履行了承諾，在當天讓孩子吃到了肉。

　　曾經有一些孩子問過我：「老師老師，什麼是承諾？怎樣做才能算是一個講信義的人？一個信守承諾的人究竟是什麼樣的？」我想了想，給

予了他們這樣一個答案：「承諾的意義在於，他給予了我們一個向目標堅持的理由，而講信義的人，就是不管在怎樣的境遇下都要努力落實他的堅持。而身為一個信守承諾的人，他們的表現就在於，為了堅持內心的堅持，所以每天都謹慎地說話，從不會輕易的做出承諾，但是只要答應的事情，就一定會做到。」這時候有些學生就會俏皮地眨著小眼睛對我說：「老師，我爸爸就不是一個信守承諾的人，他說他會在睡前講故事給我聽，結果我還沒睡著，他已經睡著了。」聽到這些，我只能無奈地搖搖頭，如果不是真的曾經被老爸的行為氣到，這樣的小報告怎會說得那麼理直氣壯？

說到這裡，再轉過身來說孩子！孩子是天真開朗的，對待自己感興趣的事情，可能注意力還會相對集中，面對自己不喜歡的事情，最直白的表現就是不喜歡，這時候，很多父母就會下意識的鼓勵他們做出承諾，要求他們最少每天拿出幾個小時來與這件事進行磨合。每到這個時候，多半的孩子都會上當，但等到真的要身體力行的時候，就會發現這段時光究竟有多痛苦，到底有多難熬。

誠實的說，我的孩子也同樣遇到過類似的問題，有一次，他在商店裡看到了一個非常漂亮的拼圖玩具，信誓旦旦地說：「爸爸你買給我吧，回家以後我一定會把它拼出來。」當時我聽了當然很高興，對他說：「這可是你說的，一定可以把這個拼圖拼出來，那爸爸付出了，你就一定要予以兌現，只有拼出這個拼圖以後，才能有其他的新玩具。」這個時候，孩子信誓旦旦地點點頭，於是開開心心地把拼圖玩具帶回家了。

回家以後，他便開始了自己的「浩瀚工程」，起初他還做得饒有興趣，後來越玩越不耐煩，越玩越坐不住了。這個時候他帶著畏難的情緒

將求助的目光拋向了我，對我說：「爸爸，我能不能去做點別的事，這個拼圖實在是太難拼了。」這時候我看著他那小小模樣，心想：「你不是要信守承諾嗎？」於是帶著鼓勵的目光對孩子說：「爸爸相信你的實力，相信你是個信守承諾的好孩子，不管帶著什麼樣的心情，你都可以完成自己的任務，這樣才會有新的玩具玩。」聽了這話，他只好再次無奈的坐在那個拼圖玩具面前，繼續擺弄起來，幾個小時過去了，當孩子將最後一片拼圖與畫面進行連接，那種小小的成就感，頓時讓他的心靈喜悅了，他對我說：「爸爸你看，我拼好了，我可以有新的玩具了。」這個時候，我欣慰地看著他，不斷地誇獎說：「哇，孩子你真棒。」儘管我嘴上沒有過多的教育，但心裡相信，他已經明白了承諾在一個人心中的分量，但凡答應的事，就一定要加以履行，但凡是要履行的，就不要有畏難情緒，這是自己要為承諾所付出的代價，因為是自己答應的，所以其中的責任自然要由自己去承擔。

就這樣，我和孩子在一同成長的過程中，無形地擁有了一種默契。我答應他的事情，從來沒有失言過，而他答應我的事情也一定要做到。慢慢的，我答應自己的事情，也越發嚴謹認真，而他所承諾的目標，也沒有了任何失言的理由。每當自己內心快要喪失毅力的時候，我會對自己說，兒子的小眼睛在看著我。每當他說要撐不下去的時候，我總是會用鼓勵的眼神去給他力量。這種良性循環，無形的讓我們都擁有了更完美的自己。

父母是孩子的大朋友，而身為朋友，最重要的關係建立點，就在於信守承諾。在這個過程中，我們需要源源不斷的對孩子灌輸智慧，比如怎樣能夠成為一個言必行、行必果的人。儘管起初，孩子覺得想要切實

做到真的太難了，但是，當他意識到，承諾在人與人之間傳遞的訊息有多麼重要，他便會更為謹慎地加以對待。而起初的著眼點，就深埋於我們與孩子之間的互動關係裡，告訴他們如何信守承諾，如何善用承諾，如何用承諾點亮人生，你便會自然而然的成為他心目中最忠實的夥伴，一個最富有定力智慧的引導者。

趙中華老師語錄

1. 堅持承諾的方法，就是不輕易承諾。

2. 承諾有沒有落實，用你的時間去證明一切。

3. 不以環境而轉移，不以他人意志為轉移，小小的承諾，大大的智慧，每個人都可以用心轉動世界。

守時：拖拖拉拉，從來就沒有守時的時候

家長問： 最近發現孩子有一個非常不好的壞習慣，不管是對誰，永遠都不能遵守預先說好的時間。一開始，只是在讀書計畫上拖拖拉拉，後來我發現，他跟同學約好的時間也從來沒有遵守過。有一次他的一個朋友跟我抱怨說：「阿姨你知道嗎？唐唐上次跟我見面足足晚了半個小時，天氣那麼冷，我在外面一個人站著都快凍僵了。」聽到這話，我真的滿心歉意，對於孩子不遵守時間這件事，身為父母，我應該怎麼幫助他呢？

老師答： 不守時對於一個孩子的影響是非常嚴重的，一個人越是經歷成長，越是要意識到誠信的重要，約定好的時間，往往是人與人之間

建立誠信的開始，之所以有些孩子總覺得拖延時間沒有什麼大不了，其核心在於，他們對時間從來都沒有概念，不但對自己的時間沒有概念，對別人的時間同樣沒有任何概念，沒有概念就無法掌控生活，卻總是有一堆的理由用來原諒自己，可這種原諒是單向的，往往只對自己生效，走上社會，涉及他人，又有誰會吃你這套呢？

　　執心守時信，歲寒終不凋。

—— 陸機

📖 譯文：

　　做人要堅守自己的本心，不管遇到什麼事情都有秉持守時誠信的原則，這樣的誠心即便是在生命中最寒冷的季節，也一樣不會凋零的。

　　在很年輕的時候，我閱讀過這樣一個故事，一個著名的企業家與一個年輕的業務員說好第二天早上八點鐘在一家咖啡館見面。到了八點鐘，企業家準時來到咖啡館，可是業務員卻沒有準時到達，企業家坐在那裡等了五分鐘，才看到業務員抱歉地推門進來。當他入座的時候，企業家一臉嚴肅地說：「年輕人，你知道五分鐘對我來說意味著什麼嗎？我可以在幾秒鐘之內做出一個英明的決定，我可以在一分鐘之內思考要不要在重要合約上簽字，我可以用三分鐘的時間，敲定一樁價值百萬的生意，但是今天，我卻坐在這裡，整整浪費了五分鐘來等你，你覺得我們還有繼續交談的必要嗎？你應該怎樣賠償我的損失呢？」聽了這話，這個業務員啞口無言，他定定神說：「不好意思，今天外面塞車了。」「不守時可以找到各式各樣的理由，但是信守承諾的人永遠都不需要理由。年輕人，你的理由太多了，對自己的錯誤解釋太多的人，是無法走向成功的，今天就當我幫你上課吧，那麼現在，對不起，我要先失陪了。」

　　就拖延這件事，在很多人身上都很常見，很多父母抱怨孩子辦事拖拖拉拉，明明兩個小時就能搞定的事，一定要拖到睡覺前才完成。明明說好早上七點鐘起床，到了八點發現他依然紋絲不動地躺在床上，明明跟同學約好早上九點鐘去博物館看展覽，結果大家都到齊了，他卻還坐在家裡，沒有絲毫的急迫感。這樣的事情此起彼伏，以至於時不時就會聽到別人抱怨說：「為什麼不遵守時間？」「總是這樣拖拖拉拉的，下次不跟他出去玩了。」「每次都比預期晚半個小時，等他的時間都可以用來寫一篇文章了。」試想一下，倘若對方言談中講的是你的孩子，你會不會跟著慚愧，會不會在心中無限感慨呢？

　　其實想追其根源，也不是那麼困難，從自己出發，還原生活的一些片段，你就會從中看出問題。比如，週末到了，你跟孩子約好要帶他到遊樂園玩。因為盼了整整一個星期，孩子很興奮，一大早就從床上爬起來，穿戴整齊的等著你。可是很多家長呢？卻好像沒有把這個約定當事情。嘴上應付著：「乖孩子，等等爸爸啊，我們九點鐘的時候，一定出發。」「哎呀，你看媽媽家事還沒有做完，再等半個小時可以嗎？」就這樣孩子坐在一邊開始焦急等待，半個小時過去了，一個小時過去了，可是眼前的爸爸媽媽卻絲毫沒有要出門的表現。於是他們開始抱怨：「爸爸媽媽，你們怎麼這麼慢啊！時間都到了，我都等了這麼久了。」「哎呀！再等一下，再等一下，馬上就忙完了。」如此，一而再，再而三，你的行為在不斷地強化著孩子的自我意識，於是在他的認知中有了這樣的概念：「不守時，是可以原諒的。別人的等待，是可以無休止延續下去的。」

　　此外再讓我們換另外一個場景，這天，身為父母的你和朋友約好帶

著孩子一起去參加一個共同的聚會，時間是早上十點。可是第二天起來的時候，一家人都起晚了，九點鐘才從床上爬起來，可趕到約定地點的車程至少要兩個小時。此時朋友打來電話：「嘿！你們出發了嗎？」「啊，正準備出門呢！」你隨聲迎合著。而事實卻是，一家人都還穿著睡衣，一臉沒事一樣坐在桌前吃早餐。等到十點的時候，媽媽才剛剛化妝完畢，爸爸才剛剛帶著兒子穿戴整齊。此時朋友又打來電話：「快到了嗎？」「啊，在路上呢，有點塞車。」身為大人的你，搪塞地說道。隨後終於出門了，路上經過了一個小時的時候，朋友急切地打電話來問：「怎麼還沒到啊！」「馬上到了，再等半個小時吧。」可一個小時過去了，大家焦急的在外面站了很久，這時候才看到不遠處一輛小轎車漫不經心地駛來。「怎麼這麼久啊！」朋友抱怨的問。「路上遇到了一起事故，所以……」想想吧，這些事情有沒有在自己身上發生過，此時你的拖延，全部都被孩子稚嫩的眼睛觀察著、感知著，因為長時間生活在這樣的狀態，所以他們開始漸漸的對時間失去概念，而對於一個對時間沒有概念的人來說，想讓他做到準時準點實在是太難了。

或許你每天都在說：「今日事，今日畢。不要拖拖拉拉。」或許你也曾告誡孩子說：「要做一個遵守時間、信守約定的人。」但是倘若他的生活氛圍，每天作用於他的生活意識並不是這樣，單單指望著孩子自己具備強大的自控能力，成為一個守時自律的人，那成功率就太低了。所以，每當孩子出現問題的時候，先不要急著訓斥或指責，安靜下來，給自己幾分鐘進行反思，看看這些問題是怎麼來的？身為父母，我們與這些問題之間，是否存在連繫。唯有把這個根源看清楚，才能從根源解決問題。

　　那究竟有什麼行之有效的方法呢？有了問題，就要想出對策，面對孩子不守時間的問題，首當其衝要做的，就是樹立起他們的時間概念，同時幫助他們，有效的掌握守時的技巧，強化他們自律守時的榮耀感。基於以上幾點，下面我來分享一些自己教育孩子的心得體驗。

　　這天孩子告訴我：「爸爸，明天我和一個同學約好要一起出去玩。」「哦，那很好啊，你們約什麼時候呀？」我問道。「他們說早上九點，在學校門口集合。」孩子興奮地說。「嗯，那你今天要早睡嘍。」我說道。「那我今天九點就上床睡覺。」兒子信誓旦旦地說。「嗯，兒子你真棒，那爸爸就來做見證嘍。」

　　於是，時間一分一秒的過去，八點半的時候，我打開孩子的房間，發現他還在那裡興奮地玩著玩具，我對他說：「兒子，你可是說過要在晚上九點鐘準時上床睡覺哦，現在已經八點半了。」「不急。」兒子頭也不抬地說：「我一點都不睏。」看著他若無其事的樣子，顯然是不想說話算話了。我等到了九點整，發現兒子依然沒有要睡覺的意思，於是我走過去，一聲不吭地把他的玩具收拾起來。「哎呀，爸爸你要幹嘛啊，我還沒玩夠呢！」兒子抱怨道。「你跟我說的，九點鐘要上床睡覺，男子漢大丈夫，不可以言而無信，現在是睡覺時間了，沒有任何可以違背的理由，我命令你，在十分鐘之內，盥洗完畢。否則的話，這些玩具……」我指了指手裡的籃子說：「就全部歸爸爸了。」

　　「啊，不要！」看到我堅決的樣子，兒子表現出一副很可憐的神情，因為知道沒有任何條件可講，便迅速地衝向盥洗間，開始刷牙洗臉。而我就站在盥洗間的旁邊說：「爸爸看著錶呢，還有五分鐘……還有三分鐘。」聽到這樣的暗示，兒子的動作越來越快，最終準時在十分鐘之內搞

定了一切，躺在床上，迅速關上了燈，閉上了自己的小眼睛。

就這樣，一夜過去，第二天，我七點鐘的時候來敲他的門說：「兒子該起床了。」「還早呢，再睡一會。」說完以後，孩子便翻了個身，準備繼續睡。「不行，半個小時盥洗，整理床鋪，半個小時吃早餐。八點鐘的時候，要準時出門。」我說。「到學校不過也就半個多小時⋯⋯」兒子抱怨道。「但是你能保證路上不出現特殊情況嗎？」我說道：「我們要做一個守時的君子，所以兒子，現在快點起床。」聽到我的話，小傢伙無奈地起床，開始盥洗、整理床鋪、吃早飯。我們在八點的時候，準時離開了家。這時候，我看到兒子坐在車上一臉的不情願，於是一邊開車一邊對他說：「兒子，倘若你特別想見到一個人，你是希望他提前半個小時到，還是遲到半個小時到？」「當然是提前半個小時到了。」兒子說道。「那就對了，所以我們永遠要成為那個別人意識中最想見到的人，那就意味著，我們需要提前出現在對方的面前。你覺得，這樣的人是不是很酷呢？」聽到我的話，兒子的情緒好了很多，他面帶笑容的說：「超人就是這樣的，我也會變成超人嗎？」從那以後，孩子再也沒有因為各種原因不守時，每當他想要懶散的時候，我就會帶著質疑的表情對他說：「難道小超人馬上要退化成懶散鬼了嗎？」

其實就孩子的引導問題，最主要的核心就在於他們自我意識的強化，習慣都是在無形的氛圍環境中產生的。如果想要一個孩子養成好習慣，至少要讓他們覺得，這是一件相當酷的事情，他可以在不斷的自我超越中獲得成就感，從而因此擁有更好的自己。而這個時候，我們只需要無形地去引導他，默默地關注他，但前提是，先不要讓壞習慣的麻煩落到自己身上，畢竟只有沒有小尾巴可抓的父母，嘴裡的話才更有說服力啊！

趙中華老師語錄

1. 沒有時間觀念的人，對於機會嗅覺也不會靈敏到哪裡去。

2. 不守時，往往意味著錯過，而錯過的，卻不僅僅只有時間而已。

3. 把時間提前半個小時，你與機遇的距離，就又近了那麼一點點。

違約：太過情緒化，心裡不痛快就當場撂挑子

家長問：不知道為什麼，現在的孩子總是過分情緒化，本來答應好的事情，稍微有點不開心就撂挑子，一句「我不做了」，就把本應擔負起的責任甩到十萬八千里遠，這樣的行為顯然是有問題的。於是老師打電話來說孩子在學校做什麼都沒有恆心，一個不高興，便顛覆了原有的使命，想說孩子還小，還無法領悟社會的事，倘若一切都憑著情緒做事，命運便由不得自己，我看在眼裡，急在心裡，身為父母，面對當下的情形，又應該怎樣引導他們呢？

老師答：孩子因為情緒問題，瞬間撂挑子，主要原因在於，他們還沒有意識到使命感對於一個人的重要性，倘若一個人被情緒所奴役，後果將會是非常嚴重的。這時候，就需要父母積極地鼓勵他們理性的承擔自己的責任，成為一個真正負責任的人，我們要努力將他們塑造成勇者的樣子，告訴他們其實內心強大的人，也會有情緒，但是他們從不會因為情緒而停下自己的腳步，因為他們知道，穿過這層陰霾，成功就會在不遠處，向他們招手了。

偽欺不可長，空虛不可久，朽木不可雕，情亡不可久。

—— 韓嬰

📖 譯文：

虛偽欺詐不可能長久，空虛的事物不可能堅持，腐朽的木頭不可能雕刻，情感的喪失無法長久相處。

記得小時候，讀過這樣一個故事，到現在想起來，依舊記憶深刻：

有一天上手工課，老師要求大家把課後完成的作業拿出來展覽，一個男孩子羞澀地拿出一個巴掌大的小板凳，放在了桌前。比起身邊同學的洋娃娃、飛機、坦克而言，這個作品看起來實在太普通了。於是老師傲慢地走了過來，拿著這個板凳對他說：「這就是你的傑作嗎？」此時四周的同學哄堂大笑，老師鄙夷地看著他，以至於此時的小男孩瞬間羞紅了臉，但是他屏住呼吸說：「這就是我拿出來的最佳的作品。」「怎麼看得出這是最佳的作品呢？」老師問道。此時男孩從座位又拿出一個小板凳說，這是我第一個作品，當時做完以後，自己都會感到情緒失落，覺得實在拿不出手，於是我又做了第二個，這個時候，男孩又從座位底下拿出了第二個小板凳說：「做完了第二個作品的時候，我依然感覺不完美，而且對它的樣子感到茫然，所以我又做了第三個，也就是現在這個，它是我能拿出來的最好的作品。」

聽了男孩的話，老師沉默了一會，他被男孩這種持之以恆的精神感動，於是他放下作品為他鼓掌，對全班的同學說：「這是我當老師以來，看到的最好的作品了。」後來這個孩子成為了舉世聞名的大人物，他就是著名的物理學家愛因斯坦（Einstein）。

很多孩子在做一件事情的時候，很容易陷入焦躁情緒，尤其是在和

身邊的小朋友配合的時候，這樣的狀況顯得尤為明顯，幾個人本來有說有笑配合默契，不知道在什麼時候，就會產生分歧，隨後開始你一言我一語的互相攻擊，到最後情緒升溫，便乾脆把一切甩到一邊撂挑子說：「我不做了，隨便你們吧。」想想看，這樣的事情會不會經常出現在你家孩子的身上呢？

就情緒而言，每個人都會有，成功的時候，我們會產生積極的情緒；失落的時候，我們會出現懷疑、憤怒、焦慮等多種的負面情緒。每個人都不希望負面情緒會落到自己的頭上，可是就世界而言，一切都是無常的，總有一些事情會在突然光臨我們的世界，而我們首先與之相應的，除了思維意識的覺知，再來就是情緒管道的訊息了。人之所以產生情緒，源自於他們對於這個世界，對於眼前事物的直接感覺，每一種情緒，都有著屬於自己的心理密碼，想要找到解決問題的根源，就一定要從了解孩子的心理意識出發。這樣才能快速的理清脈絡，幫助他們走出負面情緒的陰霾，成為一個理性而有擔當的人。

那麼究竟這些情緒中都暗藏著怎樣的祕密呢？舉個例子來說，積極正面的情緒，一般都是以自我滿足感為前提的，因為內心飽足，所以才會覺得安穩、優越、富有創造力。而自我懷疑感，則往往出現在一種不穩定的自我意識中，因為一切尚且未知，而自己又對這種未知沒有把握，所以才會出現疑慮，而當這種疑慮在第一時間朝向自己，就順勢衍生成為自我懷疑，造成能力的局限性，讓心情順勢降到低點。而憤怒，往往源自於對自身安全感的捍衛，因為覺得自己的地位受到的侵犯，所以急切的想用這種強勢行為去壓制對方，最終讓自己的位置趨於平穩。而焦慮往往源自於內心存在感的失衡，總覺得自己會失去一些東西，所

以才會因此而患得患失，在不安中難以平靜。積極的情緒能夠為人帶來快樂、亢奮、堅持、勇敢，而消極的情緒，則會讓一個人低落、暴躁、推卸、萎靡。這些內容在每個人身上都有不同程度的顯現，而就孩子來說，他們面對情緒的表現會更加直接，以至於在面對事情時，只要情緒占了上風，便會因此而喪失所有的自控能力。這就是為什麼，當孩子被負面情緒侵犯的時候，對手頭的事情會瞬間失去興趣，甚至乾脆擺爛的原因。

古語有云：「不可乘喜而輕諾，不可因醉而生嗔，不可乘快而多事，不可因倦而鮮終！」說的就是一個人不可以趁著高興就對別人隨便許下諾言，不要在醉酒的時候，不加以控制就亂發脾氣，不要趁著一時稱心如意就不加檢點的惹是生非，不要因為疲勞疏懶而有始無終的半途而廢。這一點，對於當下的我們來說，是非常有點醒意義的。

孩子出現了負面情緒，一時之間不知道該如何面對，暴躁的脾氣，失落的感受，凌亂了他們原有的意識，以至於原本步入正軌的一切，都因此發生了改變。倘若這樣下去，當他們真正長大成人，步入社會，這種情緒的自我奴役，很可能會為他們的發展帶來諸多不利的影響，其問題有多嚴重，結果有多惡劣，在這裡不須多說，作為成年人的父母多半都能猜出一二。那麼面對這樣糟糕的情況，我們又應該以什麼樣的方式去引導幫助孩子呢？結合自己教育孩子的一些經驗，希望能夠讓大家做個參考：

有一次兒子跟幾個小朋友玩堆沙子的遊戲，他們的目標是蓋起一座城堡，起初幾個孩子同心協力，城堡也規劃得有模有樣，可是不知道因為什麼事情起了爭執，兒子忽然把小鏟子一扔說：「我不蓋了。隨便你們吧。」聽到這話，幾個孩子都愣在了那裡，一時之間不知該如何是好。

　　這時候我走過去問：「到底怎麼了？」「我說城堡應該是那樣堆起來的，結果他們就是不聽，現在變成了這個樣子，我不蓋了。」他喃喃地抱怨著。「真的不想蓋了嗎？」我嚴肅地看著他說。「不蓋了！」他生氣地喊道。聽到這句話，我回頭對身邊的那幾個孩子說：「那你們先玩，看看沒有他，城堡能不能建造起來。」

　　聽了這話，幾個孩子又恢復了玩耍，唯獨我的兒子，在那裡呆呆地看著一切。這時候我對他說：「你是不是覺得自己在這個工程中的位置最重要，別人沒有了你，就做不成這件事？」看著我的臉越來越嚴肅，兒子的暴怒情緒被慢慢地震懾下來，他低著頭，不敢看我的眼睛。「今天爸爸要告訴你一個殘酷的現實，永遠都不要覺得自己無可替代，地球不會因為任何一個人的離場而停止轉動。而聰明的人，從來都不會因為一時的情緒，而放棄自己的理想和目標。因為一時不開心，就撂挑子，你覺得損失最大的是誰呢？是那些小朋友，還是你？」

　　此時兒子瞥了瞥那幾個小朋友，發現大家早就已經恢復了秩序，好像什麼事情都沒有發生一樣。看著他面露悔色，我的語氣也平和了一些，摸摸他的頭對他說：「你曾經對爸爸說，自己要做一個超人，超人也會有情緒，但是面對自己要執行的任務，他從來不會因為情緒而產生懈怠之心。你見過有人向超人求救，但超人卻說：『對不起，我今天心情不好，我不救了。』有這樣的事情嗎？可見一個人想成為超人，也不是那麼容易的。超人並不是沒有情緒，他之所以能夠受人尊重，看起來那麼神聖，是因為即使他今天不高興，也不會放棄自己的堅持。這就是超人為什麼會成為英雄的原因。如果不是這樣，恐怕超人早就被大家忘記了。所以兒子，想成為超人，就要學會堅持，不管遇到什麼樣的事情，開心

還是不開心，都要想方設法完成自己的目標，這樣你才是最聰明、最有智慧的。這樣才是真正的英雄之舉啊！」

聽了這些話，兒子再也不吭聲了，眼看著眼淚就要流出來，於是我把他重新拉到了小朋友們的身邊說：「好了，小超人回歸，現在繼續進行你們的偉大計畫吧！」

很多時候，孩子之所以會撂挑子，除了情緒因素以外，更重要的原因在於，他們始終沒有意識到自我使命感和責任感的重要性，倘若我們能夠積極的鼓勵他們，強化他們的自我榮耀感，便可以有效的糾正這種情緒的弊端，引導他們理性的面對一切。這種意識，需要及早培養，唯有如此，他們才能真正的擺脫情緒的奴役，成為一個理性而富有智慧的人。即便是意識到情緒的存在，也不會因它而停下自己的腳步，當這一切成為他們生命中的慣性，不管未來會經歷什麼，都不會因此而輕易放棄，因為父母的引導已經化作他們心中堅定的信念：「只要不停下來，你就離成功越來越近了。」

趙中華老師語錄

1. 因一時的情緒而撂挑子，你撂下的，不是負擔，而是更好的自己。

2. 這個世界沒有了誰，地球都照樣轉，會管理情緒的人，始終都對這件事心知肚明。

3. 無法控制情緒的人，永遠被情緒奴役，無法擁有真正的自己。

欺人：口口聲聲說借用一下，這一借就沒音信了

家長問：這段時間發現孩子動不動就把一些小東西帶回家，問他哪裡來的，他總是說：「跟其他小朋友借的，我很喜歡就拿回家玩兩天。」可是一個月過去了，我發現這些東西還在他手裡，我問他為什麼還不還給人家，他說：「我實在太喜歡了，我再玩幾天吧！」就這樣，今天拖明天，明天拖後天，時間一推再推，好像也沒有下文了。直到有一天，一個小朋友打電話到家裡來，跟我說：「阿姨，明明借了我的玩具，到現在都沒還給我呢！」這時候，我真的不知道該說他什麼好，家裡什麼也不缺，別人的東西就有這麼大的誘惑力嗎？

老師答：孩子借別人的東西不還，這與這件東西究竟有多大的誘惑力無關，而是因為孩子在物質所有關係問題上存在概念的混淆。因為從小拿到自己手裡的東西，肯定就是自己的，而對於「你能借給我玩玩嗎？」這件事，他們雖然表面上意識清楚，但等到東西真到了自己手裡，概念就會再一次模糊起來。所以這時最重要的一點就是幫助孩子在「我的」和「我借來的」兩點上樹立明確的區分和界限，讓他們對物質的歸屬感有一個明確的意識，有了這個基礎，再去從道德層面上約束引導就容易多了。

勤字所以醫惰，慎字可以醫驕。此二字之先，須有一誠字以立之本。

—— 曾國藩

📖 **譯文：**

勤則可以醫治懶惰，慎則可以醫治驕傲，在勤與慎這兩個字之前，還應該有一個誠字作為根本。

　　孩子從出生，到步入幼兒園，家中的所有東西，都可以供他隨時索取，在這個階段，在他們單純的自我意識中，沒有什麼東西不是他們自己的，沒有什麼東西是他們不可以擁有的，或者說，只要這個東西握在他們的手裡，毫無疑問，這就是歸屬於他們所有的。直到孩子的世界裡有了更多的夥伴，直到夥伴之間的互動中有了更多的玩具，這種自我意識，才開始微妙的發生變化，或許他們會隱隱地意識到，別人手裡的東西沒那麼容易得到了。但這並不意味著，他們對「我的」和「別人的」之間的關係已經有了清楚的洞見。或許此時，在他們的意識裡依然還有這麼一個朦朧的意識，在喃喃自語地說：「不管這個東西以前是誰的，只要它到了我的手裡，就是我的。」因為有了這個概念作祟，他們便順理成章的沿襲過去的物質歸屬理念，堂而皇之地把別人的東西歸屬於自己擁有的範圍之內。而且在他們的概念中，一切本該如此，根本就不存在任何爭議。

　　孩子是天真純潔的，在他們的世界裡，金錢意識是薄弱的，他們看待事物的角度，永遠都是以好奇為先決條件，每當看到自己喜歡的東西，就會本能的產生需求，隨後便是身體力行的去索取。但是別人的東西注定是別人的，自己想要，就一定要掌握策略。忽然有一天，他發現了一個絕妙的方法，那就是模仿大人的樣子對身邊的小朋友說：「你能借我玩兩天嗎？」每當自己說出這句話的時候，相較於直接索取，會更容易得到自己想要的東西。於是，在他們的潛意識中，就形成了這樣一個錯誤的意識：「只要我說出借我玩玩吧，這樣的話，這件東西就可以屬於我了。」

　　為什麼會出現這樣的問題呢？原因就在於，此時的孩子正處於自我

意識的發育階段，他們對語言的概念還不是很明確，儘管學會了說話，但並不意味著他們對自己所說的內容能夠透澈的領悟明白。當別人的東西因為一個「借」字順理成章的到了自己手裡，他們內心的貪婪就會伴隨著本來模糊的歸屬概念而變得越發強烈起來。這也就是為什麼有些父母會發現，在自己孩子的玩具箱裡，會突然多出這麼多不屬於他的東西，而每當問及緣由的時候，他們都會理直氣壯地說：「那是我的。」

　　面對這樣的事情，很多父母會立刻將它上升到道德原則方面的問題，不斷地責罵孩子：「你怎麼可以隨便拿別人的東西？」「你為什麼借了別人的東西卻不還？」可是事實上，一切的產生，可能並不是道德層面的問題，倘若我們不能夠及時的幫助孩子理清思路，對「借」這個詞，乃至於物質歸屬的概念劃分進行智慧的引導，很可能你今天教訓了他，明天他照樣還會出現同樣的問題，因為在他們的意識世界中，這種「別人的」和「我的」概念始終都是不明確的。

　　前段時間就有一個朋友遇到了這樣的困擾，說自己的女兒在一個星期之內，借來了所有小朋友手中的洋娃娃，然後堂而皇之地說：「我是這些娃娃的媽媽，這些寶貝都是我的。」這時候朋友就問：「我的女兒是以什麼樣的本事，擁有了這麼多娃娃呢？」孩子回答說：「很簡單啊。我告訴他們，借給我玩幾天，他們就給我了。」「那你怎麼能說這些娃娃都是你的呢？」朋友又問道。「他們在我的手裡，本來就是我的，現在它們就是我的了。」孩子一邊抱著這些洋娃娃，一邊帶著防衛的目光注視著他，一副不可侵犯的樣子。

　　這時候朋友就問：「你知道『借』是什麼意思嗎？」「我不管，反正現在它們是我的。」孩子一副不容商量的樣子說道。「借的東西，可是要

還的哦！」朋友下意識地引導著說。「什麼是『還』？」女兒詫異地問道。「『還』就是到了一定的時間，要把娃娃重新交回到小朋友手裡。」朋友說道。「那不行，這些娃娃都是我的，我是這些娃娃的媽媽。」女兒聽了，急得眼淚都掉下來了。

看到女兒極端的表現，朋友一時之間不知道該如何是好。於是打電話找我，問我有沒有什麼好方法。我聽了以後，笑著為他指點迷津，朋友聽了以後，點頭說：「倘若你的主意生效，你可真的是為我解決了一個大麻煩。」

怎麼做呢？我要朋友幫女兒買了一個非常漂亮的娃娃，對女兒說：「乖女兒，今天爸爸送給你一個禮物，是一個非常漂亮的娃娃。」「哇，太好了！」女兒興奮地抱著娃娃笑起來。「不過爸爸有一個條件。」朋友故作玄虛地說。「什麼條件？」女兒閃動著一雙大眼睛問。「跟爸爸一起把『給』和『借』兩件事弄清楚。」朋友嚴肅地說。「要弄清楚什麼。」女兒噘起小嘴說道。「『給』就像今天爸爸這樣，將娃娃送給寶貝女兒，你可以完全地享有它。但是『借』就不同了。」朋友說道：「『借』是將別的小朋友的東西暫時歸自己保管，但你並不是他百分之百的擁有者，到了一定的時間，當小朋友想要拿回去的時候，你就要把它送還到他們手裡。這樣才是一個誠實守信的好孩子。這就是『給』和『借』的區別，我的寶貝女兒這麼聰明，一定已經明白這件事情了，對嗎？」

「那就是說，我現在從別的小朋友那裡，拿來的娃娃，都必須重新送回到他們手裡是嗎？」女兒有點絕望地問。「原則上是這樣的，但是倘若寶貝明白這是一種分享，便能以此交到很多很多的好朋友。別人之所以會把自己心愛的玩具借給你，證明他們很信賴你，爸爸真的很高興，我

的女兒在幼兒園有這麼多信賴她的好朋友，那麼接下來，我們就要對得起這份信賴，讓這些可愛的娃娃回到它們的主人身邊，對嗎？」聽了這些話，小傢伙猶豫了片刻，最終還是點了頭，我的這個朋友，也跟著長舒了口氣，他對我說：「我家倔強的小公主，終於把『給』和『借』兩件事弄清楚了。」

　　孩子的世界觀是純淨的，論到道德層面，並不存在多麼複雜的關係，想要有效的樹立這方面的道德意識，首先要做的就是明確他們物質歸屬的界限，其後才是強化他們好借好還的行事準則，這是一個樹立正確的意識的過程，也是一個削減不良慾望的過程，在這個過程中我們始終都在用最簡單的方式為孩子詮釋一個道理：「這個世界上，好東西很多，但未必都是自己的，你可以試圖成為它暫時的擁有者，但只要是別人借給你的，早晚都是要還的。」

趙中華老師語錄

1. 借和還之間，一來一去，過程中展現的是為人處事的智慧和美感。

2. 別說抓在手裡的就是你的，倘若因此而過分執著，未來很可能會因此失去更多。

3. 別拿欠債當瀟灑，錢債、情債都是債，只要是欠的，早晚都是要還的。

第四章
想要有未來，先要有個好性格

抗挫：我只是責備了他一下，沒想到他反應那麼大

家長問：現在的孩子挫折忍受力實在太差了，稍微一個小問題，就會讓他們痛苦不堪。前段時間孩子因為遭到老師的責備，心情不好，還三番兩次地想要退學，說自己再也不想看見那個老師了。要說這樣的事情，落在我們那個年代，都是新鮮事，我真的想不到，他的承受能力竟然這麼差，實在是傷腦筋！

老師答：之所以挫折忍受力差，是因為你把他保護得太好。與其張開翅膀守護他，不如在他摔倒的時候，站在他的旁邊鼓勵他。面對失敗，面對他所經歷的挫折，倘若你先亮明自己的態度，他自然會意識到，當四周沒有助力的時候了，那個最值得自己信任和依靠的人究竟是誰了。

天下無易境，天下無難境，終身有樂處，終身有憂處。

——《曾文正公全集》

📖 譯文：

天下沒有容易的事情，天下也沒有難到熬不過去的境界，倘若終身秉持嚴謹，一生就不會有那麼多憂患了。

前段時間，看了這樣一個新聞，說在一座高架橋旁邊，突然快速停下了一輛小轎車，一個男孩子從車上下來，緊跟著的，是一個長頭髮的中年女性。孩子下了車，便奮力奔跑，從高架橋上一躍而起，中年婦女見狀趕快上前拉住了孩子的一條腿，卻最終沒拉住，孩子從高空墜落，瞬間停止了呼吸。就這樣，一個幼小的生命從這個世界徹底消失了。

事後記者問，到底出現了什麼問題，對方一邊哭泣一邊說：「我只是針對他的成績在車上責備了他幾句，想不到他的脾氣這麼大，竟然跳橋

自殺。我真的沒有想到自己的孩子，在忍受挫折這方面這麼薄弱，早知道說話的時候注意一些就好了。」

同樣的事情，不只發生一次，例如，前段時間從報紙上看到，有一個孩子因為在班級裡被老師責罵，惹得全班同學哄堂大笑，最終自己一個人爬到了學校樓頂縱身跳下，等到老師同學發現的時候，孩子早已經斷氣，後來大家從孩子的遺書中了解到，這個孩子本來是個很好強的學生，他實在難以忍受別人的羞辱，所以最終選擇用自己的死去懲罰所有人。諸如此類因為一些小事引發的悲劇，在現今的社會早已經算不上什麼新聞，究竟問題的源頭在哪裡，為什麼這樣的事情會此起彼伏的發生？答案很簡單，那就是現在孩子的挫折忍受力，已經到達了令人堪憂的地步。

與之相比，古人面對挫敗，就要比我們有智慧得多，就拿歷史名人曾國藩來說，他的人生歷程中有很多故事，都是值得我們現代人借鑑的。

要說曾國藩的韌性，大家有目共睹，在他少年讀書的時候，為了背誦一篇文章，他挑燈夜戰，反反覆覆，直到夜已深沉，還是沒有背出個因果。就這樣一遍接著一遍，直到趴在房梁上的賊都會背了，他還在那裡不停的用功。眼見天快亮了，小偷不耐煩地從房梁上跳下來，把那篇文章一字不落地背了一遍，然後一臉不屑地說：「就你這樣還想考科舉啊，做夢去吧。」說完便大步流星地離開了。曾國藩先是一愣，看著對方背影遠去，他絲毫沒有想放棄的意思，依然坐在書房裡認真的學習。

太平天國時期的曾國藩，每天都在失落與絕望中徘徊，幾次命懸一線，卻最終咬牙堅持了下來，即便是在寫朝廷奏摺的時候，他都不忘記將屢戰屢敗幾個字修正為屢敗屢戰。這是何等有毅力的人才能成就的事

情啊！而那種超出凡人的定力與韌性，恐怕也不是一日之功就能夠成就落實的。

曾經有位成功人士說：「對於一個孩子來說，沒摔過幾次跤，就根本無法自由地奔跑，而身為年輕人，沒有經歷幾次挖苦，怎能牢固自信的力量。每個人都會遭遇挫敗，有些人在挫敗中不斷歷練，有些人卻在挫敗中意志消沉。成功者的優勢無外乎比別人多了幾分堅持。堅持將他們的格局不斷延展，每當難題光顧時，他們還可以不失幽默地說：『我的老朋友又來了。』」

現在的孩子，都是父母的寶貝，從小捨不得受一點罪，但凡吃了點苦頭，就會心疼不已。正因為這個原因，他們對自己身上的壓力和痛苦喪失了本有的免疫力，每當受到挫敗考驗的時候，就會順勢敗下陣來，成為了這個世界上最需要同情的人。可社會那麼現實，哪有那麼多同情給你，於是失落和絕望感不斷疊加，無助夾雜著不滿，在他們的心中蔓延開來，最終影響到了自己人生的格局，內心剩下的除了無休止的抱怨，再也沒有什麼可以用來自我建設的內容，如果這個時候再意識到它對自己產生的影響，真的為時已晚了。

那麼究竟怎樣解決這個問題呢？其實答案也很簡單，那就是不斷地培養孩子積極樂觀的人生態度，培養他們自主克服難題尋找方法的勇氣和魄力。這對於每一個孩子來說都是非常重要的。下面就結合我的個人經驗，跟大家做個分享：

一次，兒子一回家就滿臉的不高興，我問他到底發生了什麼事，他說：「我被老師責備，而且是當著全幼兒園同學的面。」「為什麼呢？」我問。「因為老師上課提出了一個問題，而大家都覺得，我的答案特別可

笑。」兒子說道。

「那麼把事情跟我說說好嗎？」我把兒子叫到沙發旁，拍著他的小肩膀問道。「老師說 1 加 1 等於 2，我說不對，1 加 1 應該等於未知。」我聽了以後，頓時產生興趣問道：「為什麼呢？」「很簡單啊，很多時候，1 加 1 都是不等於 2 的，兩隻小貓坐在一起，還能生出一窩小貓，1 加 1 等於 2 嗎？兩個想法碰到一起，將會產生的內容是未知的，1 加 1 也不等於 2 啊！我錯了嗎？可是當我說小貓的故事時，全班的小朋友都笑了，老師很生氣，就責備了我。我心裡太難受了，吃飯都沒胃口。」

聽了這些話，我心裡是很有成就感的，於是拍拍他的後背說：「男子漢隨時可以受傷，但並不意味著我們被打敗了！兒子，人生隨處都會遭遇嘲笑，而我們唯一反擊他們的方式，就是堅定自己的信念。」「那接下來我該怎麼辦？我已經成為一個笑話了。」兒子低著頭一邊說，一邊掉眼淚：「我再也不想發言了。」

聽了這話，我摸摸他的頭說：「兒子，你知道有本事的人會怎樣嗎？」「會怎樣？」兒子問道。「他會堅定地走自己的路，不管別人說了些什麼。他會不斷的在實踐中驗證自己的想法，寧可顛覆世界，也要追求真理的軌跡。最終，他會把別人左右搖晃的腦袋，變成對自己的認同和掌聲。今天沒有獲得認同沒關係，但不代表明天不會，很多名人之前都被定義為傻瓜，但這些傻瓜最終改變了全世界。成功者從來都不是大多數，他們總會有一些特別的地方，而這些特別，終將鍛造出他們生命的璀璨，好像天上的恆星，散發著恆久的光芒。」

「聽起來不錯。」兒子小手抱在胸前，好像有了那麼一點勇氣。「但是首先你要學會付出。」我說道：「你要學會適應別人的不理解，不在乎別

人對你做出的反應，你要學會專注於自己的路，即便在所有人看來，那是一條無比瘋狂的路。當別人的非議和質疑聲開始源源不斷地進入你的生活，這很可能意味著，你距離成功已經不遠了。」

「真的會這樣嗎？」兒子好奇地問。「當然了，爸爸自己就經歷過類似的事情，也曾經遭遇過別人的不理解，也曾在別人的拒絕聲中獨自前行，或許是經歷的內容還不夠豐富，所以爸爸才只得到了這麼一點點成就，但就這麼一點點，也足夠贏得別人的羨慕。爸爸相信，兒子有一天會比爸爸還要勇敢，而今天就是一個嶄新的開始，值得爸爸為你的新生鼓掌。」聽了這些話，兒子的眼睛閃動著耀眼的光輝，他喃喃地說：「讓那些該死的嘲笑見鬼去吧！」

曾經在一本書上看到有人這樣評論一位智者：「儘管你對他有意見，但不要朝他亂扔石頭，因為你不知道下一秒鐘，他會用這些石頭製造出一個什麼，他的成功經驗，從來都沒有停止過，他有著令人畏懼的童真，從來就不知道什麼叫做痛苦。」人的一生會遇到什麼，誰也說不準，但是有一點取決於我們自己，那就是我們隨時可以將我們所擁有的進行二次創造，成功往往源自於挫敗後萌生的創意，這些失落背後的禮物會成為我們堅持下去的動力，這個世界無所謂成敗，如果你覺得失敗沒有到來，那麼你做的任何事都不會被它的概念束縛。

所以，當孩子哭泣的時候，當孩子沮喪的時候，當孩子不知所措的時候，當孩子開始消極淪落的時候，告訴他們海明威（Ernest Miller Hemingway）的那句話：「生活總是會讓我們遍體鱗傷，但過後你會發現，那些受傷的部分，將會成為你整個身體中最強健的地方。」所有的成功，都是從接受挫敗開始的，唯有越挫越勇，才能成為大家公認的王者。從

此，他就是所有人心中的光，源源不斷的傳遞憧憬和能量，步伐堅定，從來都不會辜負心中的夢想。

趙中華老師語錄

1. 你不拿挫折當禮物，挫折就很可能成為你的麻煩。

2. 人生受過傷是一件值得驕傲的事情，倘若到了成年，自己還什麼都沒經歷過，就人生而言，那無疑是最遺憾的事情。

3. 所有的堅韌和努力，必將讓一個人在痛苦的經歷中贏得希望。

堅持：孩子做什麼都是三分鐘熱度

家長問： 現在的孩子做什麼都是三分鐘熱度，剛才信誓旦旦，說自己一定要怎樣，結果不到三分鐘的時間，就有了畏難情緒，小屁股坐在那裡如坐針氈，痛苦到好像我都覺得虧欠了點什麼。面對這樣沒有耐性，不懂堅持的孩子，作為父母我真的傷透了腦筋。

老師答： 倘若讓一個成年人去做一件自己根本不感興趣的事情，想必得到的結果也未必能好到哪裡去。想讓孩子持之以恆，只知道在一旁督促鞭策是起不了作用的，除非你把這件事變成一件能幫助他們尋覓到成就感的事，除非這件事能夠為他們帶來莫大的喜悅感，否則，即便你耗費再大的心力，也只能是無功而返。

進之以猛，持之以恆，不過一二年，精進而不覺，言語遲鈍，舉止端重，則德進矣，作文有整容雄快之氣，則業進矣。

——《曾文正公全集》

📖 **譯文：**

勇猛精進，堅持不懈，用不了一、二年，自然有覺察不到的長進。言語遲緩，舉止端重，則品德就會有長進。文章有整容雄快之氣，則學業就會有長進。

這麼長時間以來，我陪伴了很多孩子的成長，也贏得了很多家長的信任，其中很多家長，都透過不同的方式寫信留言給我，向我傾訴他們在養育兒女過程中所遇到的問題和困惑，其中最核心的問題之一，就是不知道怎樣強化孩子的韌性，不知道怎樣鍛鍊他們面對挑戰的意志和恆心。

比如有這樣一個媽媽就留言跟我說：「趙老師，孩子在你的教育引導下改變了很多，但是現在還有一個最要命的問題，這種改變堅持不了多長時間。比如剛才還信誓旦旦地說自己一定會堅持，但過不了三個小時就不是他了。我問他：『這麼一會就不堅持啦？』他說：『哎呀，想做到實在是太難了。』我當時的心啊，瞬間涼到了谷底，現在的孩子怎麼都這樣呢？每天都保證，每天都做不到，如此繼續下去，怎麼得了？」

每當聽到這樣的事，我就會問他們：「你們常常說，孩子做事不堅持，但有沒有想過，他們為什麼會不堅持？他因為什麼原因不堅持？世間的一切都是有因果的，三分鐘熱度也不是空穴來風，這裡面的真正問題是什麼呢？」

現在讓我們閉上眼睛想像一下，如果要你去面對一件你根本不感興趣的事情，你會不會也會如坐針氈？你會不會也一樣無法專注？你會不會也會因此感覺到痛苦？倘若身為成年人，你都不能百分之百具備這樣的定力，一個尚未懂事的孩子，你覺得他就能百分之百做到嗎？可我們每天都在逼著他們做很多自己不願意做的事情，渴望他們能夠從中歷

練，攻克難關，卻從未在意他們坐在那裡忍受的煎熬。但從這一點來看，很多父母在教育理念上就是有問題的。

孩子有著自己天真的本性，倘若是做一件自己喜歡的事情，他一定能夠做到知行合一的專注，因為這件事對他來說，是一件很享受的經歷，他會因此而陶醉，因此而廢寢忘食，以至於幾個小時過去了，都不會喊累，原因就在於，他願意為自己的興趣買單，花費再多的時間精力也是心甘情願。由此看來，所謂的三分鐘熱度，主要原因在於我們沒有幫助孩子有針對性的培養興趣，而對於那些自己不感興趣的事情，奉獻三分鐘已經是很了不得的事了。

現在很多孩子之所以沒有恆心，就是因為他們父母要他們面對的事情沒有興趣，而父母也從來沒有真正的想到要培養他們的興趣。比如有些孩子對數字不敏感，所以在數學方面很吃力，可是為了升學考量，父母除了不斷地派作業給他，讓他寫題目以外，就沒有其他的方法了。而孩子面對這項苦差事的時候是非常痛苦的。這意味著他要花費大量的時間，去做一件自己不擅長的事情。不擅長意味著多出錯，多出錯就會不斷地體會挫敗，而且即便自己已經很努力，也未必會有什麼成就感，成績不出色，還會因此遭遇父母的責罵，這一系列的糟糕事，想起來就讓人頭疼，可這樣的事情，卻每天在這些小傢伙的世界裡發生著。

那麼究竟怎樣幫助孩子擺脫這樣的窘境呢？說到這裡，我突然想到了這樣一個故事：

著名心理學家阿德勒（Alfred Adler），很小的時候數學成績相當不好，每天他都因此而受到老師的奚落和嘲笑，就連他自己都覺得，這輩子與數學沒什麼緣分。

　　但是有一天，老師出了一道相當難的數學題，班上的所有同學都答不出來，就連那些數學資優生都沉默了。可誰也想不到，這時候阿德勒竟然舉起了手，老師一臉鄙夷地看著他說：「你覺得你真的能答得出來嗎？」全班同學都跟著哄堂大笑起來。這時候阿德勒表情嚴肅，自動地走上臺前拿起了粉筆，三兩下地就完成了這道數學題。事實證明，這是百分之百的正確答案。老師看著他的表現驚訝不已，同學們也很詫異，而就此數學成為了阿德勒最得意的學習科目，他成為了班上的神話，直到畢業，他的數學成績都名列前茅，誰也不敢再說他是數學白痴了。

　　之所以會出現這樣的問題，原因在於阿德勒徹底擺脫了學不好數學的催眠控制，而這一次的成就感，讓他意識到，自己在數學方面很有天分，這應該成為他值得炫耀的一大興趣，而不是什麼局限和阻礙。這個世界上人與人的智商不相上下，之所以會存在差異，多半來自於他們的內在設限，倘若一個人認定自己對某事不感興趣，認定自己做不好，那即便他有這個能力，也終將無法盡情的釋放才華。

　　所以，對於這樣的孩子，首先要做的就是消解他們內心的負面暗示，不斷地強化一個真理，那就是：「真正的阻礙源自於你的內心，如果心中的阻礙不見了，你想做成什麼，就會做成什麼。」其次，我們要不斷地強化孩子的個人興趣，讓他們源源不斷地從中尋覓到成就感，讓他們因自己的蛻變而喜悅。而最後，也是最核心的一點，那就是不要吝惜自己的讚美和獎勵，讓他們因此而備受鼓舞，源源不斷地激發出內心的鬥志和勇氣。做到了這三點，並始終堅持下去，你會發現，孩子對這件事情上所投入的時間和經歷會越來越多，即便是父母不再加以催促，他們照樣可以自覺地鞭策自我，因為這件事能夠為他們帶來快樂，能夠讓他

們體驗到更多的信心、能量和自我價值。

曾經有一位世界頂尖人士說過這樣一句話：「如果你相信這一切，如果你相信自己能做到，那麼不管怎樣，現在就衝出去為之戰鬥吧！」讓孩子對眼前的一切充滿自信，讓他們相信這個世界上沒有自己解決不了的難題，讓他們在問題中享受解決它的過程，讓他們相信，自己完全可以在自己喜歡的領域做到最好。與其不斷地去質問他，鞭策他，不如帶著微笑站在一旁鼓勵他，支持他。這是一個由負到正的轉化，只要找到自己的興趣所在，恆心就會一直延續。這是一個開啟內在能量的過程，因為那份成就感的湧動，那個三分鐘熱度的怪小孩，就這樣淡出了所有人的視線，從此一去不復返了。

趙中華老師語錄

1. 就成功而言，你只需要比別人多堅持那麼一點點，可就這麼一點點，在很多人看來，比登天還難。

2. 之所以今天別人成功你沒有，不要怪別人，只怪自己沒有堅持下來。

3. 持之以恆的去做，相比於在起點憂慮，往往是人生中最實際的進步。

吃苦：稍微辛苦一點，他就說受不了了

家長問：我家的孩子最大的一個問題就是沒有吃苦精神，剛剛遇到一些困難，就會退縮不前，整個情緒都跟著低迷下來。我問他，真的就

那麼容易被困難嚇倒嗎？他說：「哎呀，這一切太痛苦了，我真的受不了了。」說完眼淚吧嗒吧嗒地往下掉，弄得我真不知道是勸他好還是說他好，面對這樣的問題，老師您有什麼好方法嗎？

老師答：孩子害怕吃苦，在於他們不知道該怎麼享受這個過程。很多負面的訊息圍繞著他們，讓他們對自己的自信產生了懷疑。但是倘若我們可以激發他們的鬥志，幫助他們從消極意識中尋覓到積極的動力，那麼結果可能會很不一樣。所有人都想擁有屬於自己的成就感，但想要真正的擁有這種成就感，首先是要從享受吃苦過程開始的。

天將降大任於是人也，必先苦其心志，勞其筋骨，餓其體膚，空乏其身，行拂亂其所為。

——《孟子》

📖 **譯文：**

上天將要把重大職責降臨到某人身上的時候，一定要先使他的意志受到折磨，使他的筋骨承受勞累，使他的腸胃忍受飢餓，使他的全身困苦疲乏，使他的行為總是遭受困擾麻煩。這樣便可以使他的心態受到震動，使他的性格更加堅韌，從而增強他們所未具備的能力。

曾幾何時，我也曾經犯過和很多家長一樣的錯誤，和兒子走在路上，小小的他突然開始坐在地上耍賴說：「爸爸，我走不動了，不想走了。」出於疼愛，我真的也捨不得看到他疲憊不堪的樣子，於是，我彎下腰，將他扛在自己背上，他就這樣帶著得意的表情，躲過了吃苦的片刻，安然而坦蕩地趴在我的背上休息，而就在此刻，一個潛意識在不停地責備著我，它喃喃地說：「你這樣做不行啊，從小不吃苦，這樣會害了他的。」

一次開啟電子信箱，信箱裡看到了這樣一位父親的留言：

現在的孩子吃苦精神實在太薄弱了，前幾天帶他去爬山，本來前面還興致勃勃，但是到後面一切都變成了另外的樣子。起初是要賴，到後來乾脆坐在臺階上哭泣，我問他怎麼就這麼點挑戰精神，他卻一邊抹眼淚一邊抱怨說：「爬山太痛苦了，你不來安慰我，還要責備我嗎？」看到他那副樣子，遊山玩水的喜悅感蕩然無存，這時候他開始嚷嚷著要下山，可是下山的路自己也不願意走，一定要我揹他。當時我已經很生氣了，於是對著他嘶吼了一頓，沒想到他哭得更厲害了，好像天下所有人都欠了他，他是這個世界上最可憐的人。

我的媽呀，現在的孩子怎麼會變成這樣，想當年我們上學的時候，學校的校外教學還不是要走很長時間？那時候大家都很開心，根本就不會覺得辛苦也不會喊累。現在的孩子，剛剛就這麼點的事情就覺得辛苦，以後還能做什麼？現在我們倆好幾天沒有說話了，他還去跟他奶奶告狀說我虐待他。我怎麼也搞不懂怎麼會是這樣，只是覺得自己的教育策略實在是太失敗了，面對這樣的事情，趙老師您有什麼更好的引導方法嗎？

看了這個留言，我頻頻地搖頭，其實這樣的事情也不是發生一回兩回了，不要說別人，就是在我們這裡，很多類似的事情也同樣讓父母們煩惱不已。每當有家長問：「趙老師，到底我們應該怎麼辦？」的時候，我總是說：「你是真的沒有讓孩子從消極面對的狀態中轉變過來，當他們在潛意識中能夠將眼前的辛苦看成是一樁快樂的事情，時間長了，辛苦的苦就會自然從他們的世界裡消失了。」

很多父母都曾經試圖講一些古代先哲頭懸梁錐刺股，最終實現自我

抱負的故事給孩子聽。但是很多孩子對這些故事並不真的了解，他會不斷地對我們發問：「為什麼他們會這麼愚蠢，我即便不用這種方式，照樣也能夠擁有自己的成功，倘若真的把自己身體搞壞了，要對自己身體負責任的人還不是他們自己嗎？」這話聽著似乎也有些道理，只是此時家長會不禁地搖頭：「時代不同了，現在這些小鬼哪來那麼多道理。」

那麼究竟應該怎樣引導孩子，讓他們具備深厚的吃苦精神呢？其核心就在於，我們一定要對他們的意識進行強化，告訴他們一個重要觀點：吃苦是一件很酷的事情，我需要對它的到來表示欣喜，或許我還有必要在後面亢奮地說上一句：「太好了！」

乍聽之下，這樣的行為好像有點傻，明明是一件苦差事，還要勉為其難地說上一句：「太好了！」這到底是什麼原理呢？其主要策略就在於，一定要幫助孩子從諸多的負面暗示中解脫出來，在種種苦澀的消極感受中，尋覓到正能量，尋覓到真正有利於自己的積極意義。

舉個例子說，前段時間我們也帶孩子出去露營，有些孩子說自己一生都沒有走過這麼長的路，而且身上還揹著沉重的書包，每個孩子除了平坦的路以外，還要跟著老師一起爬山。本來覺得一切會非常有意思，但沒想到這是一件非常辛苦的事情。而在這項活動開始之前，我就向其中的每一個孩子立下了這樣一條規矩，那就是，在整個活動中，不可以有任何的抱怨，也不可以因為辛苦而選擇放棄，倘若這個時候，因為任何事情而產生負面情緒，那就要快速的做出反應，不斷地對自己說一句：「太好了！」然後快速地告訴身邊的人，就在此刻你學到了什麼。

起初大家在路上還走得有說有笑，但時間長了，偌大的太陽晒得孩子們汗流浹背，這時候有人開始覺得辛苦，但當他們剛要抱怨的時候，

突然就想起了那個提前的約定，然後喃喃地對自己說：「太好了，我從中磨練了自己的意志。」

這時候，隊伍裡，有一個很小個子的女孩突然間摔倒了，因為很疼，她頓時坐在地上哭起來，這時候我走到她面前，一邊安慰她，一邊問道：「你難道不想兌現我們事先的約定了嗎？」於是她一邊抹眼淚，一邊略顯無奈地說：「太好了。我知道摔倒了的孩子，要主動爬起來。」於是我在一邊為她鼓掌，她努力的自己站起來，然後繼續跟著隊伍一路向前了。

經歷了這件事，家長都反映，孩子長大了不少，他們很多人不再試圖去抱怨辛苦，而是漸漸願意擔負起屬於自己的責任和使命，至少每當遇到苦差事的時候，不會直接想到放棄，而是下意識的讓思緒停下來，問問自己到底可以從辛苦中學到點什麼。

現在很多孩子都被父母捧為掌上明珠，面對辛苦的事情，他們從心理上沒有任何概念，每當遇到考驗的時候，對此沒有任何經歷的他們，會很自然的選擇退縮，或許這就是現代亞洲教育中一個最嚴重的弊端。

所以，從現在開始，不要成為孩子體驗辛苦的攔路虎，不要再為他們拿書包，不要再衝到他們前面做家事，既然該經歷的事情遲早要經歷，該歷練的事情遲早都要歷練，那不如從小開始，越早越好。這個世界上，彈簧之所以能夠跳得很高，是因為它從來不會在意忍受壓力，倘若此時的辛苦，可以讓他們明白這個道理，那麼不如在這份禮物來臨的時候，放開你的手，給孩子更多體驗的機會，讓他們在成長中練就屬於自己的勇敢吧！

─── 趙中華老師語錄 ───

1. 吃苦不是一個受苦的過程，而是一個享受的過程。

2. 人可能隨時因為各種原因經歷徬徨，但每當回味起當年吃過的苦、受過的傷，內心就會瞬間生起力量。

3. 苦痛的歷練讓一個人學會的堅持，而堅持到最後的成果，往往帶著早春初蜜一樣的甜香，滋潤著你的世界，也因此幸福了你整個的人生。

獨立：不獨立思考，總問別人怎麼辦

家長問：現在發現孩子的依賴感太強了，什麼事情都問我該怎麼辦，我說：「為什麼一定什麼事情都問我呢？如果有一天我不在你身邊，你難道就什麼事情都不做了嗎？」結果孩子給出了一個氣人的答案：「那我去問別人啊！」我說：「你就這麼不相信自己嗎？」他說：「不相信，自己是最不值得相信的。」天啊，老師，遇到這樣的孩子，我到底該怎麼辦？

老師答：首先要搞清楚的是，他為什麼不願意相信自己，很多人之所以不相信自己是源自於一種安全感的索取，因為自己的想法不足以讓他們獲得安全感，所以才會一味的將這種需求投射到別人身上。如果這個時候，我們能有一個正向的干涉，讓他體會到相信自我判斷的好處，那麼或許下一秒，他們就再也不會像以前一樣眼睛看著別人，其主要原因就在於，他們已經可以動用自己的智慧，將自己變得強大而完整了。

心之官則思，思則得之，不思則不得也。

——《孟子》

📖 譯文：

心這個器官職在思考，思考才能獲得，不思考便不能獲得。

當下很多父母都在頭痛一件事，那就是現在的孩子依賴心理實在是太重了，一遇到問題就直接推給別人，絲毫沒有想要自己動手解決問題的想法。在他們的心中，自己想不出辦法是情有可原的，但是別人說自己不知道就是不可原諒的。比如一個朋友，就曾經跟我抱怨自己家兒子的一件煩心事：

那天兒子從學校回來，放下書包就衝到了玩具的世界，我本來也沒有理會，可沒一會的工夫他便開始使花招：「爸爸我渴了怎麼辦啊？」「渴了就去喝水。」我說。「我想喝冰鎮柳橙汁。」兒子嚷道。「那就自己去弄吧！」我說。「我不知道怎麼弄，每次都是媽媽幫我弄的，你幫我弄吧！」兒子說道。「你這麼一點事都不能自己解決嗎？嘗試著弄一次，下次就知道怎麼弄了。」我下意識地說，其實就是想看看他到底有沒有自主解決問題的能力。

結果令我太失望了，這個糟心的孩子，竟然乾脆渴著自己在屋子裡悶氣，一坐就坐了好幾個小時。等到媽媽回來的時候問他：「天這麼熱，有沒有喝水啊？」他還抱怨說：「哼，我想喝冰鎮柳橙汁，爸爸卻要我自己弄，這麼繁瑣的程序我根本不知道怎麼弄，所以就渴到了現在。」看著他一臉有理的樣子，我的內心難以平靜，現在的孩子，這麼簡單的一件事都不願意動腦，以後還能成就什麼事情？可就這樣，我的太太還是將怨氣發在我的頭上說：「孩子想喝你就幫他弄呀，怎麼什麼事情都要我回來動手，真是的。」聽了這話我更氣了，乾脆甩了一句：「你就這樣慣著

他吧！」隨後便回到自己房間關了門。

記得小時候，當我們懶於動腦時，父母會講這樣一個故事給我們聽。說有這樣一個孩子，什麼都不會，什麼都要父母包辦，衣來伸手、飯來張口，後來有一天父母被迫要離開他遠行，臨走的時候，就做了一張好大的餅套在他的脖子上說：「餓了就吃這個吧，爸爸媽媽一個月後就回來了。」結果怎樣？這個孩子的眼睛只知道眼前那麼一點，等到前面的餅吃完了，便覺得再沒有東西吃了，他就這樣絕望地坐著，從來沒有想過，倘若這個時候，能夠把眼前的這部分，轉換一個位置，就還會有東西吃。結果就在這樣的惰性思維影響下，一個月後父母回來的時候，這個孩子已經餓死了。

之所以這個故事讓我這麼印象深刻，起初是因為這樣的人世間少見，但隨著年齡不斷增長，我才下意識的發現，儘管這樣的笑話不常有，但這樣的惰性原理卻是很多人行動力上的縮影，不管是孩子，還是成年人，當他們養成了依靠別人的壞習慣，當他們不再下意識的憑藉自己的力量，他們就會因此而漸漸喪失自我，而對於一個沒有主意、沒有主見、沒有創造力的人來說，是很難在這個世界上立足的。

舉個成年人的例子，我曾經遇到這樣一位女性，她從小就對自己的想法沒有自信，不管出現了什麼樣的事情，都要藉助於別人的判斷力。就連今天買西瓜還是買桃子，都要打電話去詢問一下父母的意見。在工作中，她的眼睛總是看著別人，結果多次被別人利用，看著別人都升職了，自己卻始終在原地打轉。在生活中，她事事都要依靠於朋友的建議，一旦對方有一點點的不開心，她就會因此而神情緊張，好像整個人失去了靠山，不惜一切代價地去討好對方，其原因就在於，她真的不想因此而失去對他人的依靠。就這樣，她的人生始終都在被動中消沉，直到眼前的一切發生巨

變，她失去了工作，也沒有了朋友，絕望才促使她下意識地做出改變，因為倘若此時再繼續逃避，那麼後面的自己會因此而失去更多。

所以各位父母們，你們真的想讓自己的孩子成為這個樣子嗎？古語有云：「授之以魚，不如授之以漁。」人生中雖然會讓一個人得到很多，但唯獨只有三件事不會失去。第一個就是學到的東西是自己的；第二個，秉持的創造力是自己的；第三，自性的心態是自己的。這三件事決定了我們的人生，也決定了我們將要以怎樣的角度面對問題。倘若一個孩子，在自我創造力的發育階段，一味的只知道向父母問：「怎麼辦？」那麼他的未來必然是堪憂的。因為身為父母我們知道，我們不可能為他解決所有的問題，儘管此刻，過來人的經驗能夠為他們提供助力，但是面對未來嶄新的社會，激烈的競爭，當我們老去，漸漸成為時代的沉澱，當我們開始對外在的新鮮事物倍感生疏，當我們反過來開始用求助的目光凝望後代的時候，你希望他們以怎樣的狀態去回應我們的渴望呢？

其實，很多父母早已經意識到了問題的關鍵，卻不知道究竟應該以什麼樣的方式去引導孩子，這才是現在孩子對我們過分依賴的原因所在。或許我們給了他們太多的安全感，或許我們總是在過分的放手，很可能會因此帶來更多的麻煩，或許我們總是因孩子無助的目光而心懷不忍，但就前途而言，這是他們的必經之路，與其擋在那裡，不如站到一旁，這時候你可以說：「我真誠地愛你，我從來沒有離棄你，我就站在你的身邊，關切鼓勵地凝望你，我之所以沒有事必躬親，只是為了能夠讓你遇見更好的自己。」

那麼怎樣鍛鍊孩子獨立思考的習慣呢？完成這三個重要環節，就可以快速而有效的達成目的：

📖 **第一，給孩子足夠創造的空間，在他開始思考和行動的時候，不要去打擾。**

很多孩子之所以沒有創造力，不願意積極獨立地思考，在於他們剛開始下意識地思考和行動時，就會受到大人各式各樣的干涉。他們會說：「你這件事應該這樣做。」「哎呀，只要這麼簡單的一弄不就好了嗎？」如此一而再再而三，看似是在幫助引導孩子，實際上是給予了他一個錯誤的暗示：「永遠有比我更明智的人，他們會向我提供更可靠的方法。所以我無須再努力，只需要聽他們的就好了。」

因為自己的思想總是得不到支持，所以才會不斷的對自己產生懷疑，因為內在世界不斷地受到干涉，也就無意識地習慣了別人的操持，這對於孩子的成長是相當不利的。

所以想要讓孩子獨立自主地思考問題，那就要給予他們足夠自主的空間，而當他們真正開始以自己的方式進行探索的時候，就不要刻意地擾亂他們的思維。因為不管結果如何，這都是對他們自主行為的一種支持，不管方法是不是到位，至少他們在不斷嘗試，這種自我創造力是需要循序漸進的去催化成就的。倘若這個時候，稍不矜持，就會前功盡棄，孩子很可能會因別人的干涉而陷入焦慮和凌亂，因為這種感受著實難受，所以在下一次的時候、下下次的時候，他的表現就真的堪憂了。

📖 **第二，允許他們犯錯，因為這個經歷對他們的創造力來說彌足珍貴。**

很多父母都擔心孩子自主的思考會在生活中製造一個又一個的麻煩，例如曾經有一個朋友說，自己的兒子，一不注意竟然拿螺絲起子把自己剛買的手錶撬開了，隨後他將錶芯所有的零件拆卸下來，津津有味

地觀賞著，直到自己想要將一切重新復原的時候，卻發現眼前的世界突然凌亂了。本來是想生一頓氣的，但想到孩子此時行為核心不外乎是在進行自主的探索和思考，他最終還是抑制住了自己的情緒，和兒子坐在一起，費了九牛二虎之力，才把手錶重新組裝起來。

很多孩子之所以在思考獨立上放不開，原因就在於害怕父母會因此而嚴厲地批評自己，這也就是為什麼很多孩子會順理成章的把一切事交給父母辦的原因之一，因為他們覺得，只要一切是父母辦的，他們就會為此負責，自己就可以堂而皇之地逃避責任，但凡出現了問題，自己所要承擔的永遠是鳳毛麟角。與其讓他們自小就形成推卸的意識，不如就此放開，真誠地去理解他們，支持他們，告訴他們：「不要擔心犯錯，每一次錯誤後面的經驗，都是彌足珍貴的。」

📖 第三，成為孩子永遠的鼓勵者和支持者，但不要成為那個幫他們解決問題的人。

很多孩子在面對困難的時候，總會陷入無助的境地，這個時候他們會自然的將求助的眼神投向父母。這時有些父母會衝上去說：「我來幫你解決這個問題。」但事實上，這時你所要給予的不是你的智慧，而是要付出自己所能給予的安全感。你可以靜靜地站在他的身邊陪伴他，但不要插手於他的分內事。你可以在一邊不斷地鼓勵他、支持他，但這並不意味著你要去成為那個幫他解決問題的人。當時間一分一秒的過去，他會慢慢意識自己內在的強大，他的靈感會伴隨著信心而自然湧動，而在這樣的催化下，他的智慧才能真正的得以促動，他才能真正體會到自主解決問題的成就感。

孩子遲早會長大，儘管眼前的他不過還是一個個子矮矮的小不點，

或許有一天他會意識到，這個世界上最值得相信的人就是他自己，或許有一天他會理解我們的沉默，因為一味的把決定權交給別人，是人生中最大的不明智。或許有一天，他們會站在我們的身邊，動用他自主而強大的智慧，來幫我們解決問題。你不再是他的依靠，而成為了那個去依靠的人，這樣的場景是如此的溫馨，如此的令人心馳神往，但眼下最重要的事情，就是給予他們信心，一切的分內事，讓他們自己說了算。

趙中華老師語錄

1. 一個喪失獨立思考能力的人，等同於喪失了生命中美好的一切。
2. 過分依賴別人，就等於無條件地接受他人的私慾。
3. 倘若意識和行為都不能獨立，此生唯一的選擇，不是做自己，而是永久的活成了別人的樣子。

樂觀：總把一切想得特別悲觀，自暴自棄的感覺太嚴重了

家長問：不知道為什麼我家的孩子看待事情的角度總是特別的悲觀，好好的一件事被他那麼一說，就感覺整個氣氛變得低迷起來。看著別的孩子每天高高興興，自己的孩子卻始終意志消沉，我真的不知道該怎麼辦？有一次他說：「我覺得我這輩子沒有什麼希望了。」聽了以後我整個人都傻了，小小年紀，就為自己的人生做出這樣的定論，簡直太令人擔心了。趙老師，我到底該怎麼辦呢？

老師答：孩子之所以悲觀，必然有一定的內在因素，尋找到因素所在，才是解決問題的當務之急，這時候最好的方法，就是幫助他們調整

看待問題的角度，糾正他們消極的信念和意識，不斷地鼓勵他們、讚美他們，讓他在鮮花和掌聲中一點點體驗到生活的美好和喜悅，這樣才能有效的將負能量進行轉化，重新塑造他們正向的自我精神狀態。

　　行無轍跡，居無室廬，幕天席地，縱意所如。

——《酒德頌》

📖 **譯文：**

　　行蹤不固定，居無定所，把天作幕，把地當席，倒是隨意暢快。

　　說到樂觀與悲觀，忽然想起了這樣一個故事：

　　從前有一個父親，他有兩個孩子，一個樂觀，一個悲觀。為了能夠將兩個孩子中和一下，父親決定做一個試驗，他把悲觀的孩子，帶進一個滿是玩具和動聽音樂的屋子裡，然後小心翼翼地關上門；又把樂觀的孩子帶到垃圾堆旁，轉身走開。大概過了一個小時，父親前來檢視情況，他推開悲觀孩子的房門，發現坐在裡面的孩子，正在哀哀哭泣。父親很不解地問：「這裡有這麼多玩具，又有好聽的音樂，為什麼還會傷心？」「爸爸，我坐在這裡，越想越害怕，我覺得你不會沒來由地給我這麼多玩具，你一定是不想要我了。」悲觀的孩子一邊說，一邊委屈的流淚。父親搖搖頭，又轉身去看樂觀的孩子，只見樂觀的孩子正在垃圾堆裡探險，父親不解的問：「都把你扔在垃圾堆了，怎麼還會那麼的開心？」樂觀的孩子興奮地對爸爸說：「爸爸，我正在這裡尋寶，我知道你絕對不會憑空把我扔在垃圾堆裡，這裡面一定有玩具！」

　　同樣一件事，樂觀的孩子是一個樣，悲觀的孩子又是另一個樣。我們不曉得從什麼時候開始，自己家的孩子就莫名地進入了悲觀的狀態，把一切事情想得如此黯淡，總覺得他們在面對人生的時候，缺少了那麼

一點該有的勇氣。究竟是什麼影響到了孩子的自信？究竟是什麼讓他們本應樂觀的天性受到影響了呢？首先先別急著焦慮，反思一下身為父母，我們存在怎樣的問題？面對孩子的教育引導，我們究竟存在哪些失誤和過錯？唯有把自己的問題看得清清楚楚，才能從根本上解決難題。

　　回想一下平時我們有沒有用一種否定質疑的方式與孩子進行溝通呢？例如孩子興沖沖地說自己要參加全市的兒童繪畫大賽，儘管此時的你心裡很高興，但還是帶著質疑的神情說：「你行嗎？就你那點三腳貓的功夫，第一波淘汰賽可能就會被刷下來了吧！」聽到這樣的評價，孩子可能會沉默，也可能會爭辯，但冥冥中眼睛裡透著一絲沮喪，彷彿剛剛燃燒起來的自信，轉眼間就被送進了冰窖，這種負能量的評價，但凡是從自己的父母口中說出來，總是要比別人多上幾層分量，於是他們的小小情緒開始氾濫，甚至乾脆默默地退出比賽，或許這個時候，身為父母的你才突然意識到不對勁，再去問他原因的時候，他已經不願意再回答什麼，內在的悲觀，不斷地湧動著內心的委屈，以至於最終難以再用積極的方式對待自己，他們開始自暴自棄，開始不願意再參加任何課外活動，因為總覺得自己無法達成家人的期望，所以乾脆就不做事了。

　　除此之外，每當孩子在人前犯錯的時候，很多父母會快速地做出反應，對孩子進行訓斥。「你怎麼這麼笨，做事情笨手本腳的，長大也沒多大出息。」不單單這樣說，說完還要轉過身，當著別人的面好好地揭上幾個短：「現在的孩子對什麼都不上心，三分鐘熱度，花那麼多錢報這個班報那個班，人家小朋友都那麼認真，你再看看他，能學點什麼東西，真是頭痛死了，怎麼生出這麼不積極上進的東西。」試想一下，當孩子不過是不小心把食物掉到了衣服上，不過是不留神摔了一跤，卻因此受到了大人這樣的評價和指責，他們幼小的心靈，究竟會經歷怎樣的傷痛呢？

　　我就曾經看到有個孩子，表面上沉默不語，後來自己一個人獨自到洗手間去哭泣，覺得自己的尊嚴受到了很大的打擊，覺得自己什麼都做不好了。他們一邊抹著眼淚，一邊狠狠的對自己說：「我就是什麼都不行，怎麼了，你不是說我不行嗎？那我就狠狠地花你的錢，然後還讓你從我這裡得不到任何驕傲。」

　　想想吧，倘若一個孩子從小就因為各式各樣的質疑、數落，一系列的負面評價中長大，相比於那些始終生活在父母的愛、關心、鼓勵和掌聲的孩子，他們究竟會因此而缺少什麼？事實上，很多孩子之所以會悲觀，原因就在於父母教育引導中錯誤的暗示和斥責。曾經有一個性格悲觀沉默的年輕人，回憶起當年父母的教育時就說：「當時自己每天都過得很小心，好像自己隨時都可能犯錯，以至於家裡一個碗碟碎了我都會很緊張，即便這個碗碟不是我打碎的，父母也會順便帶上我，說我是個笨手笨腳的人。所以後來，我開始對自己產生懷疑，甚至認同、接受了他們的評價，多年以來，我始終都覺得自己能力很差，無法承擔重要的工作，每當工作來臨的時候，我就會陷入被動，只要老闆表情稍有不自然，我就會覺得這件事與我有關。」

　　想想看，倘若現在的孩子將這種悲觀意識像這位年輕人一樣延續一生，那他的生命中將少了多少快樂和快樂所賦予的成就感呢？所以身為父母，在反省自我的同時，要看清楚問題的癥結點，唯有及時更正錯誤的教育理念，切實地掌握正確的方法，才能真正的為孩子提供助力，讓他們得以微笑著面對生活中的每一個當下。

　　那麼怎樣才能強化孩子的樂觀意識呢？做到這三點，用不了多長時間，你的孩子就會因此而發生改變。

📖 **第一，不斷地給予孩子支持、讚美和鼓勵。**

想要讓孩子擁有恆久的樂觀主義精神，首先父母要對他的樂觀、自信給予強大的支持和鼓勵，每當孩子向父母展現他的傑作時，父母千萬不要因各種原因而消極懈怠，而是要不斷地給予認同、讚美和掌聲。事實證明，那些從小不缺少讚美和掌聲的孩子在性格上會更積極樂觀，更豁達自信，即便面對困難，他們也毫不畏懼，始終覺得那是一場生命中不可或缺的遊戲，而自己一定是最終勝出的那一個。

因為從小到大，他們始終活在父母的讚美和鼓勵中，也始終不知道什麼是失敗，即便是在別人眼中糟糕透了的生活，在樂觀者的眼中也可以過得有滋有味，很顯然，他們看待人生的角度與一般人不同，即便是在本該淚如雨下的劇本裡，他們也同樣能透過不凡的智慧，為自己打造出幾分色彩。

📖 **第二，與孩子一起分析，重新找回內在的動力和勇氣。**

所有的消極信念中都暗含著積極的意義。當孩子習慣性的以消極的信念面對生活的時候，父母應該最大限度的和孩子一起分析問題，糾正他們信念中那些令自己痛苦的成分，然後一點點的把他們帶回到正能量的軌道。而這樣良好的開始，可以先從糾正他們說話的方式出發。

比如：如果這次考試再沒進到前十名，那就糟糕透了。

父母可以糾正為：「我距離前十名已經不遠了，一切只是時間問題，能不能進入前十名不是什麼終極目標，至少我看到了自己的進步，這是一件值得高興的事情。」

比如：「我總是沒有月月做得好，儘管我已經很努力了，但感覺自己永遠都不可能超越他了。」

父母可以糾正為：「月月確實是一個很出色的人，但我自己也很努力，我現在應該挖掘一下自己內在隱藏的優勢，這樣每當想起它們，就會體驗到生命的富足。」

就這樣，每天和孩子做個遊戲，跟他們聊聊天，然後找一張白紙，將他們的消極信念記錄下來，然後引導著他們將負能量進行巧妙的轉化。時間一長，積極的思考模式，就會替代掉固有的消極模式，意識轉變了，行動就會自然而然的發生變化。

📖 第三，多和快樂的人、快樂的事情在一起。

著名的詩人魯米（Rumi）曾經這樣寫道：「如果你遇到了一個悲觀的人，可以同情他，卻要遠離他，因為這個世界沒有人願意和痛苦在一起，作為一個快樂的靈魂，本應是跟花園裡的花朵待在一起的。」很多時候，負能量會在人與人之間，相互傳播，倘若身邊的朋友都是負能量的攜帶者，那麼即便你再想樂觀，也很難達成目標。

所以身為父母，不但自己要在孩子面前展現出樂觀的一面，還要盡可能的帶他結交幾個積極樂觀的朋友，當他每天都和快樂的人，快樂的事情在一起，他的內心就會因為這種良性的互動發生改變。他的意識會因此越發的積極，看待事物的角度，也會朝著一個樂觀者的方向發展了。

當我兒子產生悲觀念頭的時候，我總是開玩笑地對他說：「爸爸現在沒聽見你說話，聽見你身後那個悲觀的小魔鬼在說話，他好像在說：『哇，現在他對自己產生懷疑了，我們來給他搗搗亂吧！』於是……他們開始在你這個小傢伙的內心散布謠言，直到讓你信以為真，而事實上，你一直很棒，只要肯付出，做什麼事情都能成功，你不相信嗎？這些話

不是我說的，是你心裡那個全能的超人告訴我的。」每個孩子的心裡，都住著一個樂觀超人和一個悲觀惡魔，身為父母，我們要做的就是將惡魔驅散，喚醒孩子內在超人般的能力，事實上這並不需要花費太長的時間，只需要你拿出堅定的信念，拿出力量不斷地鼓舞靠在你身邊的那個幼小的靈魂，或許過不了多久，你會突然發現，眼下的他們儼然和失落的過去判若兩人了。

趙中華老師語錄

1. 帶著笑的人，運氣永遠不會太差。

2. 樂觀是一種人生的態度，帶著這種態度過人生，贏的機率會更大一點。

3. 每個人的意識中都存在悲觀的影子，倘若能夠意識到，那不是自己，便可以有效的與它劃清界限，擺脫它的控制，並因此收穫最為純粹的平靜、喜悅和自由。

第五章
情緒的反應，往往是他欲求的表達

憤怒：暴怒的脾氣，恨不得要把屋子掀翻了

家長問：現在的孩子真的不知道怎麼管，一個個脾氣都那麼大，本來好好的，突然不知道觸動了哪根神經就開始發脾氣，而且越是不理他，他脾氣越是會氾濫，那種狀態實在讓人摸不著頭緒。有些時候，覺得他的發洩真的是沒有理由的，可是就跟雷霆閃電一般。面對這樣的孩子究竟應該怎麼辦呢？

老師答：孩子之所以出現這樣的情況，主要原因在於，他們的內心世界始終在捍衛一種平衡，他想要用這種憤怒的方式去引起大人的注意，想要以這種狂躁的方式要求我們按照他的方向去做。這顯然是不能成立的，倘若想要抑制住這樣的行為，就要看清楚原因，掌握一定的方法，這樣怒火就會自然降溫，即便是有了苗頭，也掀不起什麼大波瀾了。

治心治身，理不必太多，知不可太雜，切身日日用得著的，不過一二句，所謂守約也。

—— 曾國藩。

📖 **譯文：**

無論修練心智，還是調理身體，道理不必講得太多，只是也不可太過雜亂，每天切身有用的不過一、二句罷了，這就是守約。

很多家長跟我說，現在的孩子都是暴怒脾氣，你不知道什麼時候就把他的火點起來了，緊跟著就是不計後果的發洩，玩具摔了一地，東西隨便亂丟，整張小臉通紅，一個人在那裡暴虐的咆哮，那種感覺就好像一隻發怒的小河豚，整個樣子嚇人極了。每當看到這樣的陣勢，父母都

不知道該如何是好，你說揍他一頓吧，感覺自己不太理性，一巴掌打下去，整個心都快碎了；你說哄他吧，又怕把他慣出毛病來，未來動不動就來個小脾氣，到時候自己都震懾不住了。

針對這個問題，到底該怎麼辦？孩子的世界本沒有太多的道理，不開心就是不開心了，發脾氣就是發脾氣了，你不用刻意去猜，這裡面到底藏著什麼心機。很多孩子自己內心的聲音，儼然已經融入了他高昂的聲調中，他會毫不遲疑地坦露自己的內心，甚至會高聲的將自己的痛苦表達出來。但每到這個時候，父母考慮的問題，不是認真傾聽，而是想著怎樣能夠快速地將孩子的威勢震懾下去，讓他快速地恢復平靜，有效地抑制這種負面情緒的破壞力。當然這也無可厚非，作為長輩，尤其是像我們這一代人，堂而皇之地對父母發火，往往沾染著一些不孝的概念，以至於最終，我們省略了他們一切表達的內容，直接以比他嗓音更高分貝的程度，大嚷道：「你不可以這樣跟我說話，懂不懂規矩？」

要說這樣的引導方法，可能能震懾住一時，但是孩子內在的火氣真的消解了嗎？倘若你沒有幫他切實地解決問題，明白其中的道理，恐怕這種憤怒的火苗會一直在他的心中燃燒著，倘若這個時候，順勢的產生一些錯誤的信念，那毫無疑問，很可能就是影響他一生的隱患。

比如我曾經遇到一個成年的年輕人，長得很英俊，身材也很魁武，但就是這麼一個男孩子，身邊卻沒有朋友接近。後來我才知道，這個人的脾氣很大，而且常常給人一種自以為是的感覺。每當別人提出不同意見的時候，他總是趾高氣昂地想要壓制對方，倘若別人的情緒稍微有一點激烈，以至於讓他的內心感受到了威脅的存在，他就會乾脆站起身，以高出好幾分貝的音調予以駁斥，言辭極其激烈，根本讓人難以忍受。

於是就這樣，幾次互動下來，大家都開始下意識的對他敬而遠之，他也經常因為這件事很苦惱，但是到了關鍵時刻就是難以抑制自己的糟糕情緒。

於是我問了他一些關於他小時候的經歷，他說：「小時候我爸爸脾氣很不好，我在家過得很壓抑，我媽媽又是一個很順從的女人，以至於每當我受到訓斥的時候，她從來不會跟我站在同一邊，而是不斷地對我說：『你爸爸罵你是有道理的。』有一次我無意識地頂撞了父親，沒想到他一個巴掌過來，對我怒吼道：『誰讓你這樣子跟我說話，不滿意給我滾。』從此以後，我的脾氣就變得極為暴躁，我對別人的激烈反應很敏感，以至於將憤怒變為了保護自己的本能。其實有些時候我自己也很討厭我自己，為什麼自己活著活著就變成了我爸爸的樣子。」

看看吧，錯誤的教育引導會對一個孩子帶來多麼嚴重的傷害，倘若現在你依然想用自己的震懾力去壓制住孩子的憤怒，那麼現在就可以告訴你，這條路真的是行不通的。

那麼究竟怎樣才能有效的抑制孩子的憤怒呢？其實也很簡單。首先我們需要明白的是，憤怒是一種正常的情緒反應，每個人都會因各種原因產生憤怒，對於這樣的一種相對爆發性強的能量，我們沒必要去壓抑，而是要教會孩子如何以最恰當的形式，表達自己的憤怒。這樣一來，內心不再因過分的抑制而出現心理問題，整個身心的負能量也得到了合理的釋放。如果一個孩子從小就能有效的調整和管理自己的情緒，那麼對於他今後的發展，是大有益處的。

下面結合個人經驗，我為大家推薦幾個步驟，是能夠幫助孩子有效調整憤怒情緒的方法：

第一，和孩子一起討論發怒的必要性。

當孩子產生憤怒情緒的時候，身為父母，在剛剛看出端倪的時候，就應該快速地做出反應。我們可以說：「哎呀，感覺憤怒的小魔頭在寶貝頭上作祟啊！告訴我現在他又要讓你失去什麼呢？」

之所以會這麼問，主要原因就是要把孩子快速地從發洩狀態轉移到平靜的討論狀態，我們可以提前跟孩子一起做出一個簡單的分析清單，比如說是這樣的：

📖 憤怒分析清單

當我發怒的時候，我可能會失去的東西。

1. 如果我向朋友發怒的話，我可能會因此失去朋友。
2. 我向老師發怒的話，我可能失去老師的信任。
3. 我向自己發怒的話，我會因此變得更痛苦。
4. 我向父母發怒的話，我會因此給他們的心帶來傷害。
5. 我向玩具發怒的話，很可能會把玩具摔壞。
6. 我向小貓發怒的話，牠很可能會因此受傷。

......

這樣一條條羅列下來，孩子就會清晰地看出，假如自己不能很好地控制情緒，那麼自己很可能會因此失去什麼。這時候我們就可以恰到好處地指引說：「倘若是這樣，自己控制不住，也是要承擔相應的責任哦！如果真的有什麼美好的東西失去了，你覺得你使出自己的壞脾氣真的划算嗎？」

第二，一起分析憤怒的主要原因。

當我們對孩子發脾氣所造成的後果提前進行分析以後，孩子可能會說：「可是問題來了，我控制不住怎麼辦？」如果是這樣，那麼接下來的一步就顯得非常重要了。

正所謂出現問題解決問題。既然情緒上來了，就要一起分析原因，看看究竟是因為什麼有了憤怒情緒。這時候不妨再拿出一張紙，讓孩子自己寫，看看原因究竟在哪裡。

這時候孩子可能會說：

我回家後很想看電視，可是媽媽卻訓斥我，要我先寫作業。

我和鄰居家的男孩吵架了，結果爸爸還罵我。

老師說我讀書不努力，其實我已經很用功了。

我們在球賽中輸了，那種感覺很不爽。

我想要的玩具，爸爸不買給我。

……

有了這些原因，我們便可以更透澈地看清楚孩子心中所想，這樣才能更有效地根除癥結，將孩子想要發怒的狀態扭轉過來，和他一起去探討，究竟怎樣才能更有效率地解決問題，更有效率地調整情緒，畢竟有很多事情並不是發洩了憤怒就可以成全一切。與其用憤怒的方式去詮釋痛苦，不如花更多的精力去面對問題，這樣一來孩子就會漸漸意識到，想要最大化的滿足需求，最好的方式就是平靜的去思考，而不是透過這種過於激烈的情緒，毀滅了本來存在的機遇和起點。

第三，憤怒來的時候，提前預警。

對於孩子的憤怒，我們可以提前幫助他們設定一些信念，這些信念會成為他們情緒激動時候的一個預警，每當遭到憤怒侵襲，這些信念就會自動地進入孩子的意識，猶如一種強而有力的警示，幫助他們重新平靜下來。

比如我就曾經對兒子說：「兒子你知道嗎？這個世界上最能打仗的人，從來不會憤怒，這個世界上真正的英雄，從來不會受到情緒困擾，這個世界上最了不起的人，從來不會被生氣打敗。你願意成為這個人嗎？」

後來這些話成為了他意識中的座右銘，每當自己馬上要情緒激動的時候，他都會下意識地停下幾秒，甚至於嘴邊還在喃喃地說：「善戰者不怒……」就這樣，孩子慢慢地就逐漸可以利用正確的信念管理和控制自己的情緒。而事實上，為了他心中的那個英雄夢想，他也必須要這麼做。

第四，教會孩子以最健康的方式表達憤怒。

孩子心中產生了憤怒，你不讓他表達出來，就等於讓他將整個的負能量憋在心裡，這樣的悶氣生多了，對他們的身心健康是非常不利的。

所以，我們一定要為孩子尋找一種最健康、最合理的情緒表達方式，這時候教會他們一些話術，並有效地指導他們按照話術的流程去陳述憤怒，這樣可以有效地幫助他們釋放內在的憤怒能量，同時也能夠贏得他人的理解、認同和關心。

比如對待父母，我們可以幫助孩子這樣設計話術：

今天，媽媽你把我的玩具弄髒了（陳述事實），我很生氣（表達情

緒）。我知道這裡面有很多原因（表示包容、理解），但是我現在的心情很差（陳述自己的狀態）。我想說的是，你有什麼辦法能幫助我消解當下的痛苦嗎？（尋求和解）

當這一系列的話被陳述出來，內心的激烈反應，也將一步步的伴隨著信念的強化，而慢慢消解。這時候，身為父母，我們可以向孩子提出更多寶貴建議，而此時即便他情緒依舊沒有完全轉化過來，至少也可以將你百分之八十的話裝進心裡了。

對於憤怒而言，解決問題的方法未必一定是極端的，父母的目的無外乎是要幫助孩子掌握有效調整自我情緒的方法，幫助他們沉著的應對生活中大大小小的負面情緒。我們需要讓孩子意識到負面情緒的破壞力，也需要讓他們意識到自己將因此所擔負起的責任。當一切明朗地擺在眼前，當自我調整成為他們生命中自然而然的習慣，這將意味著他們將在生命的旅程中少去很多不必要的麻煩，也意味著他們更容易有效的掌握人生的機遇和未來。而這從一開始，都源自於父母的給予，倘若你不想讓他們明天在情緒的傷痛中懊悔，那麼就從現在開始行動起來，幫助他們學習情緒自我調控的方法和智慧吧。

趙中華老師語錄

1. 有智慧的人，就是在不同的時間，不同的空間，扮演不同的角色。

2. 每個人來到這個世界，都會替自己安一個身分。

3. 孩子的一生，就是你運用語言的結果。

哭泣：現在，哭泣儼然成為他控制我的手段

家長問：現在覺得，孩子哭泣已經成為他們威脅我的手段，尤其是在人多的地方，倘若你沒有順他的意，就一屁股坐在那裡大哭起來，您知道我那時候的感覺嗎，既丟人又不知道該如何是好，他好像早就知道這個弱點特別好利用，可我卻不知道該怎樣應對。有這樣一個難纏的孩子，我想推行自己的教育實在太難了。

老師答：針對孩子的哭泣，其核心目的無外乎是想促成自己心中的慾望，那麼與其在現象上較真，不如轉變方法，告訴他怎樣才能真正快速地達成自己的心願。當你將更好的方式分享給他的時候，冥冥之中已經宣告了這種方式的無效性，他會很快忘記哭泣這個籌碼，因為不管是誰，結果總要比方式更具有誘惑力。

子曰：「不怨天，不尤人，下學而上達，知我者其天乎。」

——《論語》

📖 **譯文：**

孔子說：「不怨恨上天，不責怪別人，學習平常的知識而懂得高深的道理，了解我的只有上天吧！」

有一次陪著孩子去購物中心，看到一個大人正一臉無奈地看著自己的孩子，此時她的孩子正坐在地上一邊看著他，一邊哭泣，而且哭泣的嗓音越來越震撼，搞得身邊所有人都跟著揪心起來。問及原因，其實也不是什麼大不了的事情，就是媽媽沒有幫孩子買心愛的玩具，孩子因為沒有滿足內心的慾望，而乾脆坐在地上要賴，而此時的母親，隨著圍觀的人越來越多，表情也是十分的尷尬，她不知所措地經歷著這一切，不

121

知道自己是應該訓斥孩子，還是應該放下身段安慰他，看著她一臉茫然，我深深地嘆了口氣，倘若她能夠來上我的課，那麼這樣的難題以後就不會再成為難題了。

　　一路上我都在思考這個問題，現在的孩子，很多時候都是在用哭泣無聲地表達自己的慾望，這似乎是與生俱來的一種本能。想想吧，在孩子還很小的時候，想喝水會哭，想吃奶會哭，想上廁所會哭，想要媽媽抱會哭，哭表達的是他們內在本能的需求，而這個時候，父母會盡其所能的照顧他們、滿足他們，而這種照顧和滿足，為他們提供安全感的同時也在不斷地強化著一個意識，那就是：「如果我有需求的話，只需要放聲的哭泣，只要我哭泣了，就可以得到任何我想得到的東西。」

　　於是，當孩子漸漸長大了一些，儘管他們學會了走路、學會了吃飯、學會了與人溝通，但是這種本能的潛意識，卻沒有得到有效的轉化，以至於當他們看到自己想要的東西，卻感受到拒絕時，就會本能地採取哭泣的原始方式，企圖達成自己的願望，繼續要父母滿足自己的欲求。這種感覺，好像是一種對父母潛在的威脅，倘若自己的欲求得不到滿足，就必然要哭個驚天動地，直到爸媽妥協，直到他們繼續用各種方式滿足自己。

　　很多父母都對孩子的這種做法很生氣，卻又不知道該怎樣有效的處理這個問題，於是，我們隨處可以見到當街哭泣要賴的孩子，也隨處可以見到看著孩子不知所措的父母。那麼面對這樣的問題，我們應該採取什麼有效的措施呢？其實也很簡單，只需要我們幫助孩子將這種潛在的意識進行轉化，讓他們能夠意識到，原來這個世界上，有比哭泣更好用的方法來實現自己的願望，那麼這個時候，他們就會很快、很積極地進

行自我轉變，告別原始階段的欲求表達方式，以一種更有智慧、更成熟的方式去贏得自己想要的東西。下面僅以我教育孩子的一些經驗，讓所有父母做一個借鑑吧！

這天孩子跟我上街，看到街邊有賣玩具的攤位，便瞬間被眼前的玩具吸引了。我看出了孩子的心思，但因為感覺玩具的品質堪憂，所以不打算買給他。這時候孩子看上了一個變形金剛，擺出一臉撒嬌的模樣要我幫他買，我搖搖頭，對他說：「家裡有好幾個變形金剛了，我覺得這個變形金剛不適合你。」

聽了這話，孩子頓時脾氣來了，坐在地上抱著變形金剛哭了起來：「它哪裡不適合我，我就喜歡它。」看到這架勢，我心裡也是非常生氣，想不到這小子竟然給我演這齣戲，那就繼續演下去吧。

於是我就站在他旁邊一言不發，他就在那裡哭了很長時間，直到自己都覺得有些累了，我才蹲下來問他：「你覺得哭泣的作用大嗎？與其在這裡聲嘶力竭的表演，為什麼不問問爸爸，怎樣才能得到自己心愛的玩具？爸爸對你的哭泣愛莫能助，但是爸爸卻可以在第二件事上為你提供助力。」

「那……那我怎樣才能得到我心愛的玩具？」孩子問道。「首先，要說出自己購買玩具的道理。」我說道：「購買玩具本身沒有什麼錯，但是至少要以徵詢的態度與爸爸達成意見的一致。第二，成熟的表達自己的需求和感受，讓我能夠真切地理解你的想法，而不是坐在這裡想要威脅誰。第三，在互動中和爸爸維繫喜悅的空間和氛圍。倘若你這個時候擾亂了彼此的心情，那麼誰還會繼續支持你完成自己的目標呢？第四，停止無休止的抱怨，尤其是在這個目標暫時無法兌現的時候，終止一切的

123

負面情緒，為自己訂立一個長期的目標規畫。第五，給自己一段沉澱的時間，看看兩、三天以後是不是仍然覺得自己有必要擁有它，如果心中依然渴望這個玩具，到時候可以和爸爸一起討論，如果突然間感覺自己不需要它也可以玩得很開心，那麼這很可能意味著你可以擁有一個與之相比更適合自己的玩具。第六，也是最重要的一點，你最好能夠告訴爸爸，當你擁有玩具的時候，爸爸能夠因此得到什麼。這樣也可以引起爸爸的積極性，更用心地幫助你兌現自己的願望。」

看著小傢伙懵懂的樣子，我摸摸他的頭說：「兒子，在這個世界上，想要得到自己渴求的東西，就要動用自己的智慧，讓別人心服口服地為你付出。而哭泣是所有方法中最行不通的一種，它只會讓別人察覺到你的無能，卻影響不了任何人的選擇。所以，如果你真的渴望擁有一件東西的時候，最好的辦法是開始動你的腦筋，而不是以各種形式發洩你的抱怨，唯有這樣，你才會距離目標越來越近。」

聽了我的話，孩子低下了頭，他並沒有多說什麼，只是將玩具默默地放回攤位上。回家以後，我找來了一張紙，和孩子針對今天的事情，重新訂立了一張君子協定，將今天講到的所有條款一一羅列下來，並再次強化他的意識，告訴他，哭泣的形式不會讓一個人得到更多，相反還可能為自己帶來不必要的麻煩。當狀態恢復理性後，小傢伙也保證自己再也不會做這樣愚蠢的事情，從那以後，我開始不斷訓練他，如何有效地表達自己的欲求，我會在他表現好的時候給予他適當的獎勵，他也因此得到了很多自己心愛的玩具。在這樣的轉化下，哭泣表達的種子漸漸淡出了他的世界，他也因此變得更加有智慧，更加理性，在行動上也更為積極了。

孩子之所以會以哭泣的方法去表達欲求，是因為我們讓他覺得這樣做能夠很輕鬆地得到他想要的東西。從這一點來說，掌握他的心理動機並不困難。這時候我們沒有必要將自己的情緒，自己的想法和心理意識摻雜在他們的世界裡，覺得他們已經掌控了自己愛面子的心理，或者還有其他更進一步的企圖。一件事，以簡單的形式轉化，遠遠要比繁瑣的求證更容易達到目的。這個時候，我們只需要將問題的根源看清楚，有效的將弊端進行轉化，就可以有效地強化他們的意識，讓他們以更有智慧，更理性的方式去表達自己的需求，這是他們在成長歷程中一個非常重要的蛻變，從這一點來說，父母對孩子的作用是至關重要的。

趙中華老師語錄
---

1. 你模仿誰，就能成為誰。

2. 外在的一切都是內在的折射。

3. 問題是線索，問題是查資料。

焦躁：那天沒考第一，整整難過了一個星期

家長問：我承認我的孩子是一個很有好勝心的人，前段時間他的成績受了一些影響，因為沒有考第一，整個人就像自我淪陷了一樣，小小年紀竟然失眠了，那種焦躁的情緒連我都被影響了，面對這樣的焦慮，父母怎能不心疼，可又該怎麼辦呢？

老師答：之所以焦慮，不外乎是對眼下自我狀態的不滿意，但是人生哪有那麼多完美？告訴孩子，適時的允許自己不完美，因為當一個人

全然接受自己，全然欣賞自己的時候，他才會從諸多不完美中，洞察到自己生命中最珍貴的東西。

　　子曰：「不患人之不己知，患其不能也。」

——《論語》

📖 譯文：

　　孔子說：「不要憂慮別人不了解自己，應該憂慮自己沒有能力。」

　　有一次一個小同學寫信跟我說：「趙老師，在我心中，您是我最值得信任的老師，現在我覺得我的生活遇到了一些麻煩。之前我是班上的班長，而且一連任就連任了三年，班上的同學已經習慣了我當班長，也非常認同我可以勝任。可是現在，我們換了一個班級導師，老師重新選定了新班長，但很遺憾的是，那個位置已經再也不屬於我了。我心裡很痛苦，以至於覺得別人看我的眼神都不對勁了。我每天上學的時候，頭都埋得很低，每天都是一副小心翼翼的樣子。我覺得沒有了這個身分，是件很丟人的事情，我時常因此而焦躁不安，學業成績也一落千丈，我覺得我的自信在被我的焦慮打敗，這種感覺實在是太痛苦了。我試圖去跟我的爸媽交流，他們總是說，當不當班長沒有那麼重要，重要的是一定要把成績拉高，他們除了關心我的學業根本就不理解我的心思，所以我偷偷地寫下這封信，您能告訴我，我到底應該怎麼辦嗎？」

　　看到這封信的時候，我料想這是一個追求頂尖的孩子，他的心中有著一把嚴厲的尺，時刻鞭策著自己一定要成為全班乃至全年級同學眼中最閃耀的一個，倘若這個時候，他不是那個「最」，他就會渾身不舒服，緊跟著一種被人超越的焦慮油然而生，感覺整個天都要塌下來了。倘若沒有曾經的得到，或許就不理解失去的時候有多麼痛苦，雖然小時候的

我在大家眼中極為尋常，並不是成績最優越的一個，但這個事實卻教會了我一件非常重要的事，那就是，這個世界上，真正值得超越的人只有你自己，而對於自己來說，我們可以對他好一點，也可以適時地對他寬容一點，我們可以允許自己有那麼一點瑕疵，有那麼一點不完美，在這個世界上，並沒有真正十全十美的東西，正因為有了這份不完美，人生才會有更多追求的東西，我們才會因此活得更真實，才會有更多的空間可以挑戰超越自我。這麼一看，不完美反倒成就了人生的美好，如若是當下的自己一切都豐足，又怎麼會有反思的空間，又怎麼會站在迎難而上、不屈不撓的高度呢？

身為一個成年人，我們知道，儘管兒時的我們也曾經為了各種獎狀而驕傲自豪過，也曾經為了所謂的模範生而奮勇打拚過，但隨著年齡的成長，當我們踏入社會的時候，就會發現榮譽這件事，只能隨便玩玩，真正能夠決定人生的，不是獎狀、不是獎章，而是你真正學到了什麼，你真正具備了怎樣的本錢和實力。而對於一個孩子而言，倘若他能夠提前看清楚這一點，那麼他人生的後續將會走得更加坦蕩。

老子曾經說過這樣一段話：「寵辱若驚，貴大患若身。何謂寵辱若驚？寵為下，得之若驚，失之若驚，是謂寵辱若驚。何謂貴大患若身？吾所以有大患者，為吾有身，及吾無身，吾有何患？」說的就是現在很多孩子都在經歷的一個重要問題。對待榮譽，對待一個滿意的分數，自從有了戰績以後，心中就開始有了這種唯恐隕落的焦慮，以至於每一次考試、每一次評比的時候，內心都是緊張壓抑的，如果這一次考得還不錯，那自然也就過去了，但是如果差強人意，老師將讚許的目光投給了別人，同學的關注點不再在自己的身上，整個人就會因此而陷入無限的

焦慮之中。這種焦慮本身源自於一種莫名的失落，源自於一種消極的自我暗示，好像一場考試就敲定了自己的人生，從此自己的世界將會一片黑暗，這樣的杞人憂天的感覺，主要原因在於他們把手中的榮譽、眼前的得失看得過分重要了。他們的渴求從來都在自己所立足的身分地位上，卻從來沒有想過，在這段時間的努力籌備中，自己究竟得到了一些什麼，真正掌握了多少知識。這些實實在在的東西，因為一個紅色的數字，頃刻間都不再重要，細想來，這是一件多麼可悲的事情。倘若這個想法不能及時的糾正過來，那麼未來，當孩子在經歷千軍萬馬過獨木橋競爭的時候，稍有動盪就會讓他們的自信城牆頃刻崩塌，到時候再想幫助他們，再去怎樣引導他們，都已經太晚，因為他們從小到大都是帶著這份忐忑過來的，沒有了榮譽的光照，人生就會因此失去意義。儘管這一切在看明白的人看來都是浮雲，但大千世界，不要說孩子，就算是成年人，能夠真正看清真相的人，又有幾個呢？

　　想到這裡，我突然想起了當年居禮夫人（Marie Curie）在教育孩子問題上的正確選擇，她讓孩子從小拿著自己的世界級獎章當玩具，當朋友做客的時候，驚訝地發現了孩子手中的獎章，便問她為什麼要這樣做，此時的居禮夫人只是笑笑，隨後平緩地說道：「我就是讓他們從小就明白，榮譽只是用來玩玩的，對於這些事情，不當真是最好的。」

　　作為父母，對於孩子的焦慮，我們其實可以做很多事情。例如，當孩子對自己當下的身分地位、分數可能遇到的困難而感到不安的時候，我們可以拿出一張紙，與他們一同進行以下的一些分析。

📖 焦慮情緒分析清單

1. 當下的我，究竟在為什麼而焦慮？（例如：因為明天的考試，如果考不了第一該怎麼辦？）

2. 我希望這件事能夠達成一個什麼樣的目標，而且為什麼要達成這個目標。（例如：我希望我能穩穩地站在第一名的位置上，因為這樣我會得到同學的認同和老師的讚美。）

3. 就這件事而言，除了眼前的收穫，我們還可以得到什麼？（例如：充足的知識、追求的勇氣、刻苦堅忍不拔的精神……）

4. 那麼倘若這件事，沒有朝我們想像的方向發展，我們又會因此得到什麼？（孩子這時候可能會消極，但父母可以鼓勵孩子往積極的方向思考。例如，有了接受事實的勇氣，有了不屈不撓的堅持精神，開始對自己包容了，錯誤讓最忽視的知識更為深刻了……）

5. 你覺得這是一場怎樣的考驗？誰對你的人生有著無比重要的意義？（孩子可能會說一些，但家長可以引導孩子向最核心的自己靠攏。例如，這是一場自我挑戰的過程，真正的敵人只有自己，而重要的意義在於我們打敗了內在一些脆弱的東西，不但深化了知識，而且讓我們在經歷整個事情的過程中變得更有智慧了。）

6. 你覺得你從中學到了什麼呢？（例如這個時候，父母可以引導孩子說：「這個世界沒有所謂的十全十美，允許自己出現錯誤，允許自己有不完美的現象，因為這樣，一個人才有更多向上追求的空間，因為這樣，我們才能更好的修繕自我，把自己打造得越來越優秀。」）

透過系統的分析，孩子就會意識到，原來人生不過是自己跟自己的較量，把所謂的榮譽、虛浮的東西看低一些，將真正要掌握的知識能力

機會牢牢地掌握在自己手裡。儘管人生中很多經歷不由我們自己說了算，但至少，以什麼角度去看待它，是由我們自己掌控的。所有經歷的人，經歷的事，不過是上天大愛的教育，他總要因此讓我們明白一些道理，然後順勢為了我們開啟一條嶄新的路。身為父母，我們需要幫助孩子弄明白，什麼是最重要的，面對眼前焦慮的內容，應該怎樣轉變看待它的角度。每一種經歷背後，都是一種獲得，當他們真正洞察到自己得到的東西，就會因這種內在的豐盈而做出改變，而這一次的改變，很可能就是他們生命中最為寶貴的成果。

────── 趙中華老師語錄 ──────

1. 只有訓練才能出結果。

2. 向內觀生智慧，向外觀生愚昧。

3. 了解人，主要是了解看不到的地方。

自卑：動不動就流著眼淚說：「我什麼都做不好！」

　　家長問：我的孩子是一個自卑心很重的人，他總是說自己什麼都做不好，總是覺得自己什麼都不如別人，每次參加團體活動他總是習慣性地躲在某個角落，他說他不想被人注意，而且經常也是沉默寡言的，這樣的孩子長大以後怎麼辦才好？自卑的孩子容易受傷，而且這種傷很難癒合，我到底應該怎麼幫助他呢？

　　老師答：帶著孩子做一件曾經想都不敢想的事情，讓他在這件事情中體驗到自我的成就感，我們需要讓孩子知道，原來自己的內在有著那

麼強大的力量，倘若不勇敢的嘗試，又怎知道身後有這麼一雙全能的翅膀呢？勇者無敵，所有的成功，都是從邁出第一步開始的。

　　子曰：「不患人之不己知，患其不能也。」

——《論語》

📖 **譯文：**

　　孔子說：「不要憂慮別人不了解自己，應該憂慮自己沒有能力。」

　　曾經有一個家長跟我抱怨說，自己的女兒長得特別漂亮，但是不知道為什麼為人就是特別自卑，每當學校舉辦活動的時候，她都會羞紅臉，老師鼓勵她在校慶活動上表演節目，她卻因此緊張得不得了，最後轉過身一溜煙跑掉了。每次學校舉辦團體活動，她總是下意識地坐在一個不被人發現的角落，然後一個人低著頭在那裡默不作聲，別人積極發言的時候，她恨不得把自己藏起來。時間長了，身邊的同學都對她保持距離，擔心自己會因為說錯了話而傷害到她，以至於最終，女兒成了班級裡獨往獨來的人，她沒有朋友，也沒有什麼可以信賴的對象，就這樣，媽媽發現這個孩子越來越沉默寡言了。

　　為了能夠鼓勵孩子，讓她盡可能開朗一點，媽媽帶著女兒參加了很多有趣的活動，但是女兒的表現總是不令人滿意。後來媽媽問女兒，為什麼不能積極的和小朋友一起相處呢？「不是我不想相處，」小女孩說道：「而是我覺得我沒有什麼長處，什麼都做不好。」聽了這話，媽媽一時不知該如何是好，於是找到我，問我有什麼好方法。

　　聽了這位家長的講述，我告訴她，讓女兒找一件自己喜歡的事，然後積極鼓勵支持她去完成，這中間不要向她提供任何助力，就是讓她全心全力的投入到這件事當中，直到看到滿意的成果，直到她自己的臉上

露出笑容，這時候你便可以在身邊驕傲的對她說：「我的女兒什麼都可以做好，看她的作品實在是太棒了！」

人之所以會自卑，源自於他們沒有真正意識到自己內在的具足，他們始終覺得眼前的一切是自己無法承受的，以至於當事情落到自己頭上的時候，都會表現出極大的不安感。倘若這層阻礙始終束縛著他們的意識，那麼他們身上的潛能翅膀就很難施展能量，但是倘若有一天，他不再迴避，回過頭去正視眼前的一切時，就會發現，那些曾經令他焦慮恐懼，乃至於根本不可能完成的事情，全部都是紙老虎，一旦信念的能量徹底開啟，所有的發生就再也不會夾雜恐懼，因為他知道，恐懼不過是一種感受，自我懷疑的內容其實與自己無關，此時所面對的，不過是人生的一種經歷，自己只需要付出自己百分之百的專注和努力，就可以因此而有所收穫，就會因為收穫而充滿喜悅、笑容，以及不斷湧動活力的成就感。

說到這裡，突然想到了這樣一個故事：

有一個小女孩，家境很貧寒，她從來沒有穿過新衣服，也從來沒有漂亮的飾品來點綴自己。因為這件事，她始終很自卑，她覺得自己不夠漂亮，不夠優秀，沒有人會喜歡自己，在意自己。為此，她總是在人潮洶湧的鬧區街頭低頭前行，看到自己喜歡的男孩，就會一溜煙地躲起來，她總是擔心自己會被別人看成一個笑話，於是每天都活在自卑的痛苦之中。

終於有一天，媽媽給了她五塊錢的零用錢，這使她第一次推開了飾品店的大門，想為自己選一個便宜一點的飾品，這可是她有生以來決定付出的第一筆鉅額花費。當她獨自在店面左顧右盼的挑選時，店家老闆微笑著向她走來，只見他手中拿著一朵非常漂亮的髮夾，對小女孩說：

「哇，漂亮的小妹妹，這枚髮飾放在你頭上簡直是絕配，它讓你看起來像一個長髮飄飄的天使。」

聽了這些話，小女孩轉過身，看著這枚閃閃發光的髮飾，她不好意思低下頭，看著自己手裡僅有的五塊錢說：「可是我只有這些了。」「沒關係。」老闆說道：「關鍵是，這個髮飾要找對自己的主人，現在就讓我把它別在你的頭上吧！」說罷，老闆拉著小女孩的手，走到中央的鏡子前，將髮飾別在小女孩頭上。這時候，女孩看到了自己，她覺得髮飾讓自己整個人都煥然一新了。她突然間因此有了自信，開心地向老闆道謝，一蹦一跳的離開了。

一路上小女孩始終在微笑，身邊的人，頻頻向她點頭，紛紛讚嘆說：「哇！這個女孩真漂亮。」這時，女孩一直喜歡的男孩不好意思地走過來和她搭話：「請問我能送你回家嗎？」這個時候，女孩覺得整個世界都在向她微笑，這是她有生以來最快樂的一天。這時，她下意識地想要摸摸她頭上的髮飾，卻發現，它早已經不知去向了。

很多時候，自卑的情緒都源自於我們對自我實力的無知。而這個時候最好的方法，就是下意識地去給自己一個機會，用積極的信念去對抗內心無名的緊張和消極。只要有那麼一次，或者兩次成功了，在第三次的時候，自信心就會自然而然的從心中升起。

我有這樣一個小徒弟，起初來到我身邊的時候，他還是一個非常膽小的孩子，每到發言的時候，總是結結巴巴，隨後就跟著羞紅了臉。為了能夠鼓勵他，我不斷地找他發言，不斷地啟動他內心的鬥志，就這樣一次、兩次、三次，在第十次的時候，他終於可以沒有一點遲疑地踴躍回答問題了。

　　還有一個小女孩，也同樣出現了自卑的情況，她說小時候自己在臺上表演節目的時候出過一次醜，從此以後，她只要站在臺上就會緊張。於是我對她說：「以後我們訓練營開演講班的時候，你一定要參加，等到我一說，誰敢到臺前來演講，你就必須第一個衝到講臺上，老師相信，這個舞臺能夠讓你徹底雪恥，你會成為整個舞臺中最為絢爛的小主角。」之後，她果然參加了我的訓練營，並積極地投入到訓練當中，現在她已經是學校老師眼中不折不扣的天才演說家了。

　　所以在這裡，我想對父母說的是，自卑的情緒誰都會有，但這並不意味著我們要因為它而放棄我們的人生，放棄自己的機會，放棄自己繼續前行的腳步。或許此時，你的孩子正在被他魔鬼一般的暗示影響，但只要你不斷地鼓勵，不斷地激發他衝出去的勇氣，但凡有了一次積極的行動，下一次面對問題的時候，便不會有那麼多的顧慮和懷疑了。人只有在做自己認為專業、擅長的事情時，才不會輕易地受到自卑的影響。那麼從現在，即刻開始，我們的功課就是讓他們在深愛的領域中，尋找到自信的感覺。並告訴他：「倘若你眼下的事情能夠做好，這麼難的過程都能夠應付，那麼人生中，還有什麼樣的問題是自己解決不了的呢？」所謂的自卑，不過是內在的浮塵，而我們就是孩子心中，那一縷必要的清風，當浮塵吹去的時候，他們會在鏡子面前，看到最真實的自己，而這份真實必然是他們心中最理想的樣子。

趙中華老師語錄

1. 孩子的一生，就是你運用語言的結果。

2. 發現不了問題，問題就總會跟著你。

3. 當所有人都說不行的時候，誰站出來說行，誰就是領袖。

傲慢：就是看不慣他盛氣凌人的樣子

家長問：現在的孩子莫名的有著一股傲慢心理，對誰都是一副居高臨下的樣子，前段時間，我家孩子被全班排擠了，問及原因，大家都說受不了他那盛氣凌人的樣子，每天用鼻孔看人，真不知道有什麼好驕傲的。我聽了很焦慮，於是問孩子為什麼這樣，結果他好像絲毫沒有反思的意思，反倒是說別人不配合自己，真是頭痛，我要怎樣有效的逆轉局面呢？

老師答：人之所以傲慢，源自於他內心本就帶有的優越感，但上天是平等的，如果總是趾高氣昂，別人看了一定會不舒服。我們需要告訴孩子，最厲害的人從來不會把頭抬得很高，相反的，他們懂得謙卑和傾聽。因為心中從來沒覺得自己有多麼了不起，所以反而不會被這種信念局限，能活出更快活更偉大的自己。

眾口之悠悠，初不知其所自起，亦不知道其所由止。

—— 曾國藩

📖 **譯文：**

眾人那些不著邊際的話，本來就不知道是從哪裡而起的，最終要不知道它能傳到哪裡去。

這天剛到家，就接到一個家長打來的電話，她說自己的兒子在學校成績特別好，老師也特別賞識他，可是不知道為什麼，從小到大身邊就沒有朋友。基於這個問題，他曾經努力地幫助兒子找了好多的玩伴，可是最終大家都不願意和他一起玩了，總是有意無意地疏遠他。這讓這個父親百思不得其解，於是特地去問那些小朋友到底是什麼問題。結果大

家一致的回答是：「他實在是太傲慢了，他的眼中只有自己，每天都是一副高高在上盛氣凌人的樣子，總想要命令我們，要我們都聽他的，可是我們覺得他並沒有什麼了不起的。與其在一起不開心，那就別在一起玩了呀！」

經過這件事，這位家長意識到了兒子身上一個非常嚴重的問題，那就是傲慢，他曾經試圖與兒子溝通這件事，但是兒子卻對這樣的結果不屑一顧，有時候還說：「有什麼了不起的，他們本身就是笨蛋，和他們只能玩一些低智商的遊戲，只要我把難度抬高那麼一點點，他們就全都傻眼了。於是我就告訴他們該怎麼做，他們還不領情，這樣的低能兒朋友不結交也罷。他說我盛氣凌人，有本事他超越我看看啊！」

聽著兒子說話的口氣，好像沒有任何願意反省錯誤的意思，家長一時之間不知道該如何引導孩子，說深了怕他走極端，說淺了又達不到效果，於是著急的請我想辦法。我聽了以後，笑笑說：「你家的孩子，現在很厲害啊，感覺已經把世間宇宙所有的知識都學會了，這樣的孩子，首先第一點，就是先要讓他認同自己的無知，唯有他能將自己葫蘆裡的水先倒乾淨，才能有更豐富的東西填充到他心裡去，否則不但以後人際關係會出現問題，他自身的品格素養，對人生的選擇，乃至於整個生命的格局都將因此受到影響。不可否認，你是一個非常明智的家長，能看出其中的問題的嚴重性，倘若這個時候不能採取一定措施的話，那後果是相當嚴重的。」

曾經我的兒子也問過我這個問題，他說：「爸爸，為什麼幼兒園裡，有些小朋友特別聰明，有些小朋友看上去就笨一些呢？」我說：「那你覺得，你在裡面是聰明的，還是笨拙的呢？」「老師說我是聰明的，所以我

覺得我應該專門找老師覺得聰明的那些小朋友玩。」兒子說道。我聽了皺起眉頭說：「兒子，你覺得那些聰明的小朋友真的什麼都擅長嗎？那些笨拙的小朋友就什麼都不擅長了嗎？」「倒也沒有，比如說我們班有一個小男孩南南，就特別愛搗蛋，老師說他的聰明都是假聰明，但是有一天，他竟然一個人把一架難度非常高的戰鬥機拼裝起來了。還有我們班的女生點點，老師總說她反應慢半拍，但是她卻是我們班數學最好的人。而聰明的嘛……我覺得有的人只不過是總成績要比別人好一些，但是真正說到特色，反而我倒真的沒注意太多。」兒子分析道。「那就對了，兒子，有句話說得好，人不可貌相，再笨的人，他的身上也有值得我們學習的東西，再聰明的人，也很可能會犯下一些很不該犯的錯誤。原因是什麼呢？原因就在於他們過分的相信自己，覺得自己的聰明很了不起，所以才會在後續的生活中出現一系列的問題。所以做人千萬不要傲慢，要善待生命中每一個和你有交集的人，因為你不知道什麼時候，就需要對方的幫助，你不知道什麼時候，他的長處就會是你終身學習領域中不可忽略的借鑑，人一旦謙卑下來，就會發現眼前的世界變得很寬廣，自己還有那麼多東西需要學習，那麼多技能沒有掌握，那麼多需要深入探索的內容。但是，倘若這個時候，自己盲目地自大，覺得自己非常了不起，天底下沒有什麼人能夠打敗自己，大千世界沒有什麼知識是自己不知道的。那麼他內在的求知慾望就會因此被烏雲遮住了，他再也沒有空間去探索，後續的人生就只能原地踏步了。這就好比老鷹和水井裡的青蛙，老鷹知道天有多高，地有多大，所以才能夠在天地之間自由翱翔；而青蛙在井底，總覺得自己一定看到了天地的全貌，從此不再努力，一生也只能看到這麼一塊小小的地方。就選擇而言，你願意做老鷹，還是做青蛙呢？」「當然是老鷹了。」兒子說道。「那麼想做老鷹該怎麼做？」

我問道。「善待身邊的每一個朋友。」兒子說道。「除此之外呢？」我繼續問。「努力發現他們身上的優點，並向他們學習。」聽到這個答案，我的心終於放下了，我豎起了大拇指對孩子說：「兒子你真棒，這才是一個聰明人最該有的基本素養。」

人生的過程往往要經歷三個層次：起初看山是山，看水是水；之後，看山不是山，看水不是水；到最終，明白了生命的真諦，就此看山還是山，看水還是水。這個世界最昂貴的真理，並不是高高在上的，真想要在人生中明白點什麼，就要意識到自己生命的平凡。

孔子曰：「三人行必有我師，擇其善者而從之，擇其不善者而改之。」或許有些時候，我們會覺得自己在某一領域可以達到極致，但極致的極致，極致極致後面的極致，又有多少人看得清楚看得明白呢？人生是一個不斷超越的過程，真正有能力的人經歷了成敗，走過了故事，看透了真相以後，就會越發覺悟到，對於這個世界而言，自己知道的內容實在是太少了。天地之間，生命如滄海一粟，越是能夠意識到自己的渺小，越是能夠欣然的在覺悟中超越自己。倘若一個孩子，從很小的時候，就能夠養成謙卑的性情，那麼即便面對再多的挑戰，再多的考驗，他都不會因為各種原因凌亂方寸，在慾望中迷失，直到被傲慢吞吃，再也找不回那些生命中最珍貴的東西。

世界如此之大，一個人的潛力是無法估量的，越是意識到自我的無知，越是會將格局致力於宇宙的無限，但此時生起了一念的傲慢，那麼之前所能成就的一切將會付諸東流。真正有智慧的人，會善待生命的平凡，不過分炫耀自身的成就，反倒是源源不斷地從他人那裡獲取寶貴的經驗，明澈的真理。他們會不斷地以欣賞的目光看待別人，不斷地尋覓

對方身上可以學習借鑑的內容，他們從來不會因為一時的成就而沾沾自喜，反倒是安靜地將一切收斂起來，不讓它肆意影響到自己。這是一個成功者必須具備的基本素養，也是一個孩子應該從小見習的重要修為。父母除了對孩子的表現進行積極鼓勵和讚美以外，還要幫助他們糾正自身的態度，這樣他們才能在廣大的天地之間，不斷拓寬內在格局，他們才不會任由傲慢在心中氾濫，有效地秉持正念，最終在未來的征程中，不斷地擁抱希望，蛻變出自己最理想的樣子。

趙中華老師語錄

1. 你能為別人帶來重視的感覺，別人就離不開你。

2. 做沒做過的事情叫做成長，做不願意做的事情叫做改變，做不敢做的事情叫做突破。

3. 了解比說服人更重要，所以覺察力很重要。

第六章
孝悌告訴他：「我是你的貴人，不是你的傭人」

苛責：孩子總是對我大呼小叫，感覺我是他的老媽子

家長問：現在的孩子真的太驕縱了，我覺得我是把我們家的兒子慣壞了，現在他的狀態就像是個小少爺，而我就好比一個老媽子，真搞不懂到底中間發生了什麼事，只是覺得他的態度完全改變了，每天大呼小叫，絲毫沒有尊重父母的意思，這樣的狀態真的難以忍受，我該怎麼做呢？

老師答：首先最重要的一點，就是要端正我們自己的身分，你要告訴孩子，你真正的身分是什麼？你要站在自己的角色立場，以最應該的表現和狀態與他溝通。如果這個時候，我們已經對老媽子的角色產生了默許和認同，那麼接下來的引導和教育，必然會遭遇困難。畢竟只有我們自己不承認，才有重新樹立尊嚴的可能。

子曰：眾惡之，必察焉，眾好之，必察焉。

—— 《論語》

📖 **譯文：**

孔子說：「大家都討厭他，一定要對他加以考察，大家都喜歡他，也一定要對他加以考察。」

這天剛下課回來，接到一個母親的電話，她向我哭訴說：「趙老師，我真的不明白，為什麼自己含辛茹苦養大的孩子，每天對我的態度就像是少爺對著老媽子，我每天照顧他的起居，關心他的健康，他卻一臉不耐煩，對我大呼小叫，像是對待老媽子一樣，我真的不明白自己究竟做錯了什麼，只是覺得自己的未來都失去了指望，這樣的孩子未來能照顧我嗎？都說養兒防老，但現在就對我這個態度，我真的太傷心了。」

　　聽到她的傾訴，我很同情，但同時憑藉自身的理性，我對電話那頭哭泣的母親說：「孩子這樣肯定是不對的，但裡面肯定有原因，倘若不是錯誤信念的驅使，這麼小的孩子，應該不會做出這麼極端的舉動。所以，用心想想，在孩子信念塑造的特殊階段，他接觸到了什麼？看到了什麼？而這個時候我們身為父母，秉持的態度又是什麼？我們需要認真地整理出一個脈絡，才能從根源上解決問題。」

　　現在很多父母都莫名地受到類似困擾，自己曾經和孩子之間的關係那麼親密，是孩子心中最偉大最信任的人，怎麼突然間這種關係就發生了巨變，孩子回來以後，一臉不耐煩的樣子，好像成為了家中最應該享受尊榮的主人，而自己則越來越像個奴僕，不但每天要幫他做飯洗衣，在他寫作業的時候遞上水果，還要忍受他一次次的不滿和牢騷。有些時候，還莫名的因為一點小事發脾氣，小嘴巴得理不饒人地說道：「難道你就不能……」「去，倒杯水給我！」「我現在需要……你現在趕快……」「別說話，沒看我正在忙嗎？」每當聽到這些話的時候，自己就會很寒心，想到孩子現在才這麼大，就對自己開始如此的不尊重，等到他們長大了，自己還能不能享上什麼福呢？

　　一面是覺得最含辛茹苦，一面是自己又疼又恨的寶貝孩子，究竟應該怎樣扭轉局面，讓孩子重新回到與自己和諧美好的親子狀態呢？既然問題出現了，那肯定有原因，很多父母最大的弱勢就是在出現結果的時候，將所有的注意力專注在結果上，卻從來沒有想過出現問題的原因究竟是什麼？

　　針對這個問題，我就做過類似的研究。我問過很多有著類似問題的孩子，為什麼會出現這樣的情況，起初他們搔著腦袋說：「這可能就是一

種本性的流露，我也不知道自己究竟是怎麼了。」但透過進一步的溝通，我發現了一個他們生活經歷中共同的現象，那就是，這些父母對待自己的老一輩時，常常會帶有指責的語氣，儘管就事情而言，他們的行動是為了老一輩好，也不缺乏愛意，但是他們的語言，還是深深地觸動在一旁觀看的孩子。孩子們說：「那時候感覺爸爸媽媽很急躁、很不耐煩，而且這種急躁不耐煩的感覺，迅速地影響到了我。當時的我，也是很謹慎小心的，生怕自己會因此觸動到了他們的情緒，如果是這樣，自己很可能就會因此而倒楣了。」還有一些孩子說：「我是在電視上看到了一些類似的東西，當時父母和我都若無其事地看著電視中的一切，他們的表情很自然，好像理所應當應該是那個樣子的，而我看到他們滿不在乎的樣子，便在心中有了模仿意識，想來一切已經得到了他們的認同，一切都是理所應當的。」

看吧，一切還是有原因的，很多錯誤的信念，都是因為錯誤的細節而產生，很多事情我們大人沒有察覺，但孩子卻將一切看在眼裡。就孩子的世界而言，他們對所謂的對錯並沒有一個明確的斷定，在某一個成長階段，他們接觸世界的狀態就是不斷模仿。看到好的事情，他們會模仿，看到不好的事情，也會模仿。這個時候，就需要我們大人特別的細心，因為在孩子眼中，父母是自己來到這個世界上第一個見到的人，他們的一舉一動會很順勢地牽動孩子的靈魂，從某種程度來說，在某些特定的時刻，父母的一舉一動在孩子看來都是對的，都是需要極力效仿的，即便這些內容在大人看來，會有些尷尬，但就孩子而言，他可能還尚未了解什麼是尷尬，這很有可能成為很多親子關係矛盾的初始，成為父母與孩子之間隔閡的關鍵。

　　我曾經下意識地問過很多孩子，問他們覺得這樣好嗎？他們的反應是：「沒有什麼好還是不好，一切都是無意識的。」也就是說，孩子並不知道自己的表現是如此具有殺傷力，甚至不知道，自己的模仿已經傷害到了自己的家人，更不知道自己已經讓自己的父母絕望。針對這件事，或許對於很多父母而言，我們也從來沒有真實地與孩子分享過自己的感受，我們或是沉默，或是憤怒，卻從來沒有讓孩子真實理解到自己的沉默源於什麼，憤怒又因為什麼。正是因為這個原因，在經歷一番漫長糾葛的痛苦之後，我們會發現孩子並沒有什麼根本的改變。因為他不知道根本究竟是什麼，所以我們有責任告訴他。

　　那麼我們究竟應該以什麼樣的方式去完成這場告白呢？在我看來，不論是一次促膝長談，還是一封真摯的信，都可以在無形中為我們與孩子之間的親子關係提供力量。我們可以告訴孩子，當他出生時自己內心的喜悅，我們可以跟他分享很多記憶中與他成長的快樂，我們可以認真地檢討自己在與父母溝通過程中那些尷尬而不堪的過去，然後順勢告訴孩子，當我們感覺自己像個傭人時的沮喪和不安。我們可以告訴對方，我們渴望的是彼此重新恢復到那種美好而富有憧憬的親子關係，而今天就是一個美好的開始，為了能夠讓自己未來有指望，也為了自己的孩子能有更偉大的願景和希望，我們都應該為這一目標而努力奮鬥，這是一個蛻變的過程，而這場蛻變並不孤單，父母將會蛻變成更棒的父母，而孩子也將蛻變成更孝順的孩子。倘若這種意識在互動中約定俗成，那麼孩子必然會意識到自己的問題所在，他會在我們的愛與激勵下做出改變，也許這種改變是悄無聲息的，但一定都向著良性發展。

　　想到這裡會不會覺得自己的未來有希望了呢？不管現在你的孩子在

145

以什麼樣的態度面對著你們共同的生活，交流和互動，都可以很好的幫助我們解決問題。孩子有孩子的困惑，大人有大人的苦惱，我們無須掩蓋自己內心的傷懷和顧慮，而是要將這一切明確地告訴孩子。因為知道才有改變，或許這些改變只在一念之間，卻鑄就了你未來的指望，也讓他擁有了更完美的自己。

趙中華老師語錄

1. 在什麼空間，就用什麼角色與人相處。

2. 同流才能交流，交流才能交心。

3. 與其一味的苛責，不如了解一下孩子內心真實的需求。

鄙視：養到他這麼大，他竟然說：「就是看不起你這樣的人！」

家長問：孩子養了這麼久，從一個小嬰兒，一點點的會走會跑，我以為他會是我貼心的小寶貝，可是沒想到忽然有一天他會用他的小手指著我說：「就是看不起你這樣的人。」當時自己整個心都碎了，究竟我錯在了哪裡，究竟應該怎樣有效的調整做法，更好的維繫孩子與我的親子關係呢？

老師答：當孩子說出這樣的話時，傷人的感覺一定會刺痛我們的心，但同時我們需要準確地理解一件事，就是孩子為什麼會說出這樣的話，他到底看到了什麼？理解到了什麼？而在我們的身上是否真的存在相應的弊端呢？當把一切搞清楚後，我們才能更進一步與孩子進行探討和交流，我們可以讓他知道自己對他所付出的艱辛和愛，但同時也要告訴他一件事，那就是你的給予並不卑微，相反那是世間最值得感恩的行為。

堅其志，苦其心，勤其力，事無大小，必有所成。 —— 曾國藩

📖 譯文：

堅定志向，磨練心志，勤勉努力，不管事大事小，必定會有所成就。

前陣子看了一部電影，其中有一句經典的臺詞觸動了我，一個男孩子面對養育自己多年的父親說：「我覺得我真的很無力，我活成壞人的資格都沒有，但是活成好人又害怕像你一樣。」聽到這句話的時候，我的眼淚不禁流了下來，想著現今的萬千父母，想到他們老實一生將所有的希望願景都傾注於自己的孩子，想到有朝一日，他們會因此說出這樣的話，到時候的自己又會是怎樣一番感受呢？

曾經有個媽媽很難過的對我說：「我也曾經在事業上叱吒風雲，也曾經有自己的輝煌業績，但是當自己意識到自己是個母親，我毅然決然地放下了一切，並全然地付出自己的陪伴，我說我要帶他去看世界，帶他去了解這個世界，讓他擁有一個比自己幸福的童年。結果沒想到的是，我放棄了一切，最終卻沒有得到應有的感激，我用心安排他的起居，不斷考慮他的健康和營養，不管天氣是惡劣還是寒冷，我都會準時站在學校門外等著他。曾經那些美好的時光，在我的記憶中還沒過去，他曾經是那麼聽話，他將頭輕輕依偎在我懷裡，但是不知道哪天一切都變了。他對我說：『我就是看不起你這樣的人。在家沒有理想，一天到晚就知道吃喝拉撒，活得一點意義都沒有。』我當時聽到這話覺得天都要塌了，我說：『我的意義就是有了你啊！』他說：『我是你的意義嗎？我才不要，我的意義比你偉大多了，我絕對不能活成你這樣。』聽了這句話，我的眼淚奪眶而出，我覺得我這麼多年所做的一切都沒有意義了，我不知道自

己做錯了什麼，或許這就是我前生的業力，我把他帶進這個世界，原本就是個錯誤，如果沒有他，我就不會這麼無謂的犧牲，如果不做出這個犧牲，我可能會成為更為出色的人。」

聽了這些話，我內心的震撼也不小，很多父母因為孩子的誕生都放棄了生命中的很多東西。正所謂孩子的大生，母親的大死，從此少女的情懷變成了母親的溫柔，她甘願全然犧牲自己、奉獻自己，成就這個世間最偉大的愛，這種愛在孩子來到這個世界之前已經清楚明瞭地呈現了出來，當我們看著他微笑的時候，內心的希望便全部投注到了他的身上，我們以為那是我們生命的延續，但事實上，總有一天他將是一個屬於自己的個體，當他看待這個世界，看待人性，看待周邊所有人的角度發生改變的時候，我們到底希望自己的孩子以什麼樣的視角來判定我們呢？

曾經有一個父親坦言現在的孩子真的沒辦法教育了，孩子讓他體會到內心深深的傷痛和自卑，儘管當時他的孩子也還不過是個小學生。他說有一天他教育這個孩子，但是這個孩子卻很不服氣，說：「我並不認為你有資格這樣對我說話。」「我怎麼沒資格？我是你爸爸，管教你是我的責任。」他說道。「但是你就一定是對的嗎？看看你的交友圈，裡面到底有幾個成功人士？他們能夠向你提出怎樣的有效建議，你能夠因別人而進步嗎？你的思考模式吸引的都是一些什麼樣的人？你覺得你有資格教我嗎？」當孩子說出這樣的話，身為父親、一個大人，他陷入了沉默，他不知道該如何對答，只是覺得整個心都快被撕裂了。

對待這樣的事情，父母到底該怎麼辦呢？我們渴望成為孩子眼中仰視的對象，我們渴望將這種仰視一直延續下去，我們渴望能夠擁有更多

智慧來引導孩子，但同時，我們卻在信念中陷入深深的恐懼。的確，我們真的很怕成為孩子眼中鄙視的對象，卻不知道怎樣能夠有效地規避這種鄙視，一旦這種不祥的能量在生活中不斷延展，再想繼續推行自己的教育，就真的不是那麼容易了。

很多孩子在成長的某一階段都有過類似的經歷，小時候覺得父母很偉大，無所不能，後來發現其實有些時候父母也不是有智慧的，再走一段路以後，叛逆心會讓他們覺得自己的爸媽就是天底下最差勁的人，而當一切明白之後，他們才會突然意識到，其實自己也沒有那麼優秀，相較之下，那個時候的父母要比他聰明得多。

對待這樣的事情，我想說的是，倘若想讓自己的孩子以仰視的角度去看待我們，就需要我們隨時隨地不要放棄自己的學習，隨時隨地去提升自己的修養，當然其中更重要的一點是，我們千萬不要覺得我們放棄自己的人生去成就孩子才是親情中真正的偉大，因為真正的偉大是我們在自我成長的同時伴隨他們成長，他是上天賜給我們的禮物，但並不是要我們為了這份禮物而無私奉獻。我們需要讓孩子不斷看到我們身上的過人之處，從心底對我們產生佩服，而不是一味的對他們說：「你要努力學習啊，你一定要變得很優秀啊，儘管你的爸媽算不上多麼優秀的人。」當你在心底對自己有所認定的時候，孩子的敬仰與鄙夷就會在這一瞬間產生。所以我們一定要努力的在孩子面前保持自己偉大的形象，不斷提升自己的智慧，並在他們的人生旅途中發揮至關重要的作用。一場人生下來，不同角度的觀點，將鑄造不同層次的思考模式，而不同層次的思考模式，也將鑄就截然不同的人生。孩子是一張白紙，父母是指引他們方向的人，倘若這個時候我們沒有有效的發揮作用，當他們成人回顧一

生的時候，必然會因為某個轉折點而心生怨恨，而這種怨恨很可能就是直接衝著我們來的。

　　人們常說真才實學者得天下，肚子裡有真材實料，才能夠有效駕馭孩子那個富有叛逆心的小靈魂。倘若有一天，他們能夠實在地說：「儘管你有很多讓我不理解看不慣的地方，但就智慧來說，我始終是佩服你的。」那麼毫無疑問你已經走進了他的心，並在他的心中擁有了很重要的分量。他願意相信你，因為你的建議更可能讓他看到未來。可是現在很多父母都因各種原因理由而放下了成長，以至於忽然有這麼一天發現自己和孩子互動交流起來，孩子跟自己分享的內容已經與自己形成了斷層，我們不知道他們告訴我們的東西是什麼，只是一味地告訴他們要好好念書。這樣的交談無論是誰都會疲憊，時間長了，鄙夷就會產生，孩子會覺得：「父母也不過如此。而不過如此的父母，又有什麼資格來教育我呢？」

　　試想一下吧，倘若我們每天跟孩子聊上一個小時，你希望在這一個小時中，展示一個怎樣的自己呢？是上知天文下知地理，永遠難不倒的萬事通，還是一個搔著腦袋，一味固執說教，每天如出一轍的老古板呢？你希望孩子與你交流的狀態中，學到了更多東西，有了更豐富的經驗，甚至於每天都在期待著這場分享交流的盛宴。還是讓他們每天對著自己皺起眉頭，然後垂頭喪氣地說：「跟你說了你也不懂，我不想跟你說話了。」看來，一切原因還是在於我們自己，有了孩子並不一定就要放棄自己的閱歷和生活，也並不意味著要全然犧牲自己最好的理念和模式，相反，我們不妨藉著這個機會，更積極充實自己，成為孩子生命中不可或缺的生命伴侶，你可以很像小孩，也可以很老成，你可以像個老

師，也可以做慈父，你可以是他精神世界的領路人，也可以是談笑風生的大朋友，總之，我們絕對不能成為他們生命中厭倦的對象，只要這種連結始終不移地繼續下去，我們就不會再擔心那份鄙夷的到來，或許轉過身，就在我們不知情的情況下，當別人談及父母的時候，你的孩子始終難以掩飾自己內心的自豪感，他們會本能的說：「我的爸媽太偉大了！」這種幸福的感覺一定會讓你更加積極，這種互動始終都是相對而振奮的，正所謂誇獎不是單行道，我們要學會在互動中欣賞對方，沒有什麼比自己孩子的掌聲更重要，正如你對他的鼓勵和按讚，因為你的地位很重要，所以這份榮耀也必然是他的渴求，是他生命中不可缺少的精神財富。

趙中華老師語錄

1. 全世界沒有任何一個人價值觀是一樣的。
2. 處理好心情，才能處理好事情。
3. 外在所有的表現，都是內在的缺失。

無視：家裡的小霸王，天經地義都得以他為中心

家長問：現在的孩子都是家裡的小霸王，那種霸道的感覺真的讓人很難容忍，他的心中只有自己，從來都以自我為中心，好像除了他自己以外，別人的感受都不那麼重要。但凡有一點不滿意，就立刻發脾氣，看著他那囂張的樣子，心裡真的又氣又恨，真的快拿他沒辦法了。

老師答：辦法肯定是有，關鍵是看你自己能不能站對立場，倘若你

一味地助長他的霸氣，那麼小霸王就是你塑造出來的，但倘若這個時候，我們能意識到一切應該有所節制了，那就一定要採取明智的行動，至少要讓孩子能明白一點：「你的霸道不會為你贏得更多，而是會因此而失去更多。」有了這樣的一個信念支持，他就會漸漸有所收斂，因為他知道，若繼續下去，他所面臨的局面並不好看，說不定還會有更難收場的事情發生。

　　既奢之後，而返之於儉，若登天然。

—— 曾國藩

📖 **譯文：**

　　過慣了奢華的生活之後，宰相回到儉樸的生活狀態，就好比登天一樣難了。

　　「現在的孩子太囂張了，稍微不順自己的意就會發脾氣。那感覺比項羽還凶悍呢！」一對父母，一邊開車一邊向我抱怨道：「我家的孩子啊，沒辦法管教了。感覺我們做什麼對他來說都是天經地義，但是如果有一天不做了，他能把天花板轟出一個大洞。」聽了這些話，我抿嘴一笑，說現在的孩子多半有些不假思索，這也是難免的，但暴虐的脾氣一定要改，否則以後一定會吃虧。沒想到這一說，便開啟這對父母的話匣子，一路上跟我抱怨著自己對孩子教育問題的困惑和煩惱，其中有一個故事連我自己都覺得心驚膽顫，小小的孩子竟然如此目中無人，儼然把自己當成了世界的中心。這種態度，在社會上怎麼會受歡迎？社會很現實，所有人都在受它的教育，又有幾個人會像父母一樣仁慈呢？

　　「您知道嗎？那時候我們家剛剛裝潢完，特別在他的小房間裡裝上一臺小電視。結果他蠻不講理，說自己要客廳裡的大電視。」爸爸一邊開車

一邊憤憤的說：「我當時對他說，客廳大，自然要大電視，再說爸爸媽媽年齡大，自然也應該看大電視，你一個小孩子，看小電視不是很好嗎？結果他馬上噘起嘴，大聲地嚷道：『不行，大人看小電視，小孩看大電視。』我當時氣得都不知道該說什麼好了。」

其實不要說父母，就連我這個外人聽了內心都無法平靜。孩子還這麼小，意識裡就容不下別人，更何況在整個劇情中，他容不下的不是別人，是距離他最近的父母，這樣的狀態真是太可怕了，倘若繼續下去，後果真的不堪設想。這讓我不禁想了解更多，在這個孩子的世界裡，究竟發生了什麼事，是父母給予的愛太多，還是自己受到了某種信念的局限，無法體驗到感恩所帶來的快樂呢？

帶著這種好奇心，我來到了他們的家，這是一棟高級的別墅，裝潢非常講究，父母還專門為孩子設計了供他玩樂的遊戲區，整個空間充滿了愛和溫情。我問他們，孩子小時候一直都是這樣嗎？父母嘆了口氣說：「孩子小的時候，都是由外公外婆帶著的，所以慣得不成樣子，後來老人家年紀大了，才由我們自己來帶，可是那種霸道脾氣已經養成了，到哪裡都目中無人，跟小朋友也無法玩在一起，這也難怪了，他連自己的爸媽都欺負，他的心裡還能裝得下誰？」

聽了這些話，我決定跟這個男孩好好談談，我很想找出原因，也很想幫助他。對於一個幼小的靈魂而言，今後的路還很長，如果不能有效的加以糾正，即便他現在的生活安穩而快樂，未來的漫漫人生路，也終將因此而深受困擾。倘若他與所有人的關係狀態，都像是一個專制的君主，那麼我可以斷定，除非真的有求於他，否則大多數人都不會因此買帳，疏離是肯定的事情，弄不好還可能因此而遭遇更多的麻煩。

　　要說這小傢伙還真不簡單，一進門就給了我一個措手不及。只見爸媽回來剛開門，還沒緩過神來，就已經被家中寶貝暴虐的脾氣渲染到了。「多多！爸爸找來了一個大朋友給你。」爸爸一邊關門一邊高聲地說，而讓我們想不到的是，還沒見到孩子長什麼樣，一個玩具熊就從天而降，砸到了爸爸的身上。

　　「你怎麼了？怎麼又發脾氣了？」爸爸沉著臉問道。「你說今天帶我去買玩具，現在才回來，玩具店都關門了怎麼辦？」「今天關門了，明天再去也一樣，需要發這麼大的脾氣嗎？」爸爸說道。「我不管，今天你不買玩具給我，我就把家裡的玩具全都砸光。」聽了這話，夫妻倆不知所措了起來。站在一旁的我，實在忍無可忍，於是說道：「沒關係，玩具是你的，你可以砸，但是砸了以後，玩具壞了，就永遠沒有新玩具了，你自己選擇，是現在收起你的壞脾氣，讓爸爸明天帶你買玩具，還是現在把眼前的玩具全部砸爛。」

　　「你是誰？憑什麼管我的事！」孩子沒好氣地問道。「我是誰不重要，重要的是你該如何選擇？家中的小霸王沒那麼好當，做什麼事情都要說出個道理，否則一定無法得到支持。」我平和地說道。「他們答應的事情沒做到，這就是我的理由，有什麼問題嗎？」孩子開始大聲嚷嚷起來。「那麼因為一個新玩具，就把自己這麼多年的好朋友通通砸爛，這就是你威脅別人的理由嗎？」我歪了一下頭，笑著問他說。「你……你們欺負我是吧！我今天不吃飯不睡覺了。」隨後，小霸王開始發威，坐在地上暴哭起來。眼看著媽媽快要招架不住了，我一把抓住她說：「哎呀，今天的陽光不錯，外面的空氣一定很新鮮，不如我們到陽臺去看看風景聊聊天，你家有好茶嗎？不如來上一壺鐵觀音如何？」聽了這些話，父母都意會

地說：「好啊，走，現在我們就去陽臺，我們還有好多問題需要一起探討呢！」聽了這些話，小傢伙顯然意識到自己沒有得到重視，於是哭得更厲害了，可是三個大人好像不理那套，一起去了陽臺，喝茶聊天，好像什麼事情都沒有發生一樣。到了六點鐘，小傢伙爬上陽臺說：「快去做飯，我餓了。」聽到這話我回過頭說：「你不是說，你今天不吃飯不睡覺了嗎？我們不餓，可能晚點會出去吃大餐，但是你說你不吃了，所以沒準備你那份。」聽了這話，小傢伙暴怒起來：「你這個討厭鬼，你為什麼要欺負我？」「我沒有欺負你啊，既然你不想被這樣對待，那你要不要聽聽，怎樣才能得到我們的善待呢？」我說道。「你想說什麼？」孩子沒好氣地問。「第一，你的父母是你來到這個世間的貴人，他們不是你的奴僕，你不可以對他們這樣說話。第二，你的威脅沒有道理，對大人來說起不了任何作用，如果想兌現目標，你就要以更平和謙恭的語氣與我們互動交流。第三，你這樣殘忍地對待自己的玩具，說明你對眼前的一切不珍惜，那麼我可以告訴你，當你對眼前一切不珍惜的時候，你將會失去更多。我們可以將你砸壞的玩具整理乾淨，但同時再也不會有新的玩具給你。除非你能夠善待你所擁有的一切，這樣才能得到更多。」

聽了這些話，孩子陷入了沉默。我轉過頭對他說：「現在給你幾分鐘的時間，看看你有沒有必要跟父母好好道歉，有沒有必要知道自己的過錯，有沒有必要重新調整自己的態度，收斂自己那副霸道的樣子。要知道我是第一次見你，你那種小霸王的樣子一點都不可愛，比外面馬戲團的小丑樣子還難看。倘若你總是以這樣的態度對待別人，沒有一個人會接受你，也沒有一個人會喜歡你。你爸爸媽媽怎麼認為我不管，至少我真的不吃你這套，而且我敢保證，外面的任何一個人都不會接受你現在的樣子。現在好好反省一下自己吧。如果你反省好了，承認錯誤了，吃

大餐的時候我會幫你留一個位置，我也會讓你爸爸明天幫你買玩具。如果你現在依然秉持著這種霸道的態度，那麼今天晚上的大餐沒有你的，明天的玩具也絕對不屬於你。」聽了這些話孩子先是一愣，隨後沉默了一會，終於放低了架勢，開始跟爸爸媽媽道歉，開始有了悔改之心，看到孩子瞬間有了這麼大的變化，爸爸媽媽都很詫異，他們驚訝地看著我說：「天啊，趙老師，你是唯一能夠讓他俯首稱臣的人啊！」

很多時候，孩子之所以會成為家中的霸王，主要原因就是他們全然活在了父母無條件的愛中，愛對他們來說，早已經被認定為無條件的接受和包容。因為從來沒有喪失過這方面的安全感，所以才會變得肆無忌憚。這個時候，就需要父母擺明立場，讓孩子知道，並不是任何時候，父母都會包容接受他們，尤其是在他們態度蠻橫的時候，更是不能夠讓他們因此而達到目的，有第一次，就有第二次，有第二次就有第三次，倘若我們能夠在孩子蠻橫的開始，就將他們的霸王意識扼殺在搖籃裡，那麼從此以後，他們就會自我收斂，再不會妄求利用這種方式達成目的了。

孩子的心很簡單，怎樣能夠快速達成自己的心願，他們就會採取怎樣的行動。父母可以有效的利用這一點，引導他們以最有智慧的方式達成所願，這樣孩子才會越來越聰明，越來越睿智，越來越懂禮貌，也越來越恭敬孝順。所有的成敗，往往都在生活中的小事裡，倘若你在關鍵時候妥協，那麼很可能在後續的教育過程中，所有的培養都需要經歷幾番周折，如若我們自己失敗了，孩子的未來又能好到哪裡去呢？

1. 懂得拒絕也是有力量的表現。

2. 90% 的人士幾乎不承認錯誤的，人都會為自己的錯誤找藉口。

3. 想讓孩子聽你的話，首先先要讓他認同你的身分。

孝逆：見什麼好就拿什麼，從來不會顧及我們的需求

家長問：現在的孩子心中只有自己，這一點在吃飯的時候尤其明顯，遇到好吃的，就只顧自己拚命吃，從來沒有想過身邊還有看著他的父母。儘管這是小事，可人們常說三歲看老。等我老了，他能不能夠照顧我、關愛我，我真的看不到一點希望，我甚至覺得這一切已經成了奢望，每當想起這些，就只有一個愁字啊！

老師答：孩子是純真的，你不告訴他你的渴求，他怎麼能知道你心中在想什麼呢？愛是需要表達出來的，希望和期待也是需要表達出來的，我們要勇敢的告訴孩子自己需要什麼、渴求什麼，而不是一味地付出以後，自己獨自黯然神傷，一切的智慧都蘊含在溝通中，我們需要讓他們明白這個道理，一旦懂了，就開竅了，一旦開竅，就會改變，而且一切都會朝著我們嚮往的方向發展。

吾輩位高望重，他人不敢指摘，唯當奉方寸如嚴師，畏天理如刑罰，庶幾刻刻敬憚。

—— 曾國藩

📖 譯文：

我們這些人，位高望重，別人不敢對我們進行指責和批評。我們只有將自己內心的反省奉為嚴師，畏懼天理如同位居刑罰。這樣我們才能做到時時刻刻都保持敬畏的心態。

很小的時候，我們就聽說過孔融讓梨的故事：

在東漢的魯國，有一個叫孔融的孩子，天資聰慧，而且知書達理，非常懂事。此外孔融還有五個哥哥，一個弟弟，他尊敬兄長，照顧弟弟，兄弟之間的關係始終都很和諧。

有一天，家裡買來了很多梨，一大盤子的梨放在桌上，哥哥們讓孔融和最小的弟弟先拿梨。

孔融看了盤子裡的梨，發現裡面的梨大小不均，於是他不挑好的，不選大的，只拿了一顆最小的梨，津津有味地吃了起來。父親看見了以後，覺得孔融是個很懂分寸的孩子，心想別看這孩子才剛剛四歲，卻已經懂得禮讓的禮儀，能夠照顧到別人的需求。於是他故意問孔融：「盤子裡這麼多梨，讓你先拿，你為什麼不拿最大的？」

孔融說：「爸爸媽媽比我大，哥哥們比我大，我年紀最小應該吃最小的梨。」

「那弟弟不是比你還小嗎？為什麼不讓弟弟吃最小的呢？」父親又問。

孔融說：「我比弟弟大，我是哥哥，所以應該把大的給弟弟吃。」

聽了這話，父親開心地笑了，說：「真是個好孩子，守孝悌、懂禮儀，以後一定會成大器。」

現在很多父母說，自己所有心思都奉獻給了孩子，但是孩子好像越

來越以自我為中心，絲毫沒有察覺到大人的期待和需求，他們從來不會意識到父母養育他們的辛苦，只是一味的索取。曾經就有一個母親跟我分享自己與孩子之間互動的煩惱：「您知道嗎？趙老師，以前我是很溺愛孩子的，很心疼他，只要有好的東西，不管是吃的還是穿的，自己捨不得，對他都捨得。但是有這麼一天，我突然發現，在他的心中我除了是一個可以索取的對象以外，什麼都不是，自己的內心就馬上降到了冰點，我不禁要問，他長大以後會像我照顧他一樣照顧我嗎？他會意識到我養育他的不容易嗎？每當想到這些，內心就會陷入焦慮，因為到現在為止，我看不出自己在他心中的重要性，只看出了他對我的渴求，完全是經濟渴求、物質渴求，至於情感，年齡長一歲，就淡一分，搞得我自己都感到莫名的恐懼了。」

　　聽了她的傾訴以後，我問她到底經歷了什麼事，讓她產生了這麼大的震動。她說：「其實只是小小的一件事情。那天我買了很貴的白帶魚回來煮，孩子放學就聞到了香味，過來就拿走了一塊。其實這也沒什麼，重要的細節在飯桌上，當我把所有的飯菜都做好的時候，卻發現餐桌上的白帶魚幾乎都已經被孩子左一塊、右一塊吃光了。我問他：『你知道爸爸媽媽還沒吃嗎？』結果他一臉不在乎地說：『白帶魚不就是煮給我吃的嗎？』聽了這話，不知道為什麼心裡就是不舒服，我覺得自己未來沒有任何指望了，他永遠都沒有考慮過我們為人父母心中的渴求和需求，養育他這麼大，他心裡只有自己，要什麼有什麼，一切都是理所當然，我就擔心這種理所當然成了習慣，到我老了，走不動了，他向我索取的概念依然沒有改變，到那個時候，指望他孝順我，實在是痴人說夢，所以我覺得，得趕快採取行動，快速扭轉這個局面。」

　　我聽她這麼一說，點點頭說：「你說得很對，只可惜現在很多家長都還沒有意識到這件事有多麼重要，如果不及時扭轉孩子的錯誤觀念，到時候不是他不想孝順你，而是他心中根本沒有孝順的概念，因為你的愛已經把他包裹得太嚴實了，太嚴實的狀態往往會讓一個人養成很多錯誤的行為習慣，一旦習慣養成，想要扭轉局面就太難了。」

　　人們常說養兒防老，但是現在很多孩子始終在概念中都是以自己為中心的，他們從來沒有意識到父母的需求，所以也就無法讓自己轉變成一個令人敬重尊敬的孝子，這已經成為了大環境中的一種現象。而這種現象很可能就發生在我們自己身上。

　　曾經有一位老人家跟我抱怨，說年輕的時候，教育孩子要好好讀書。而孩子的成績確實都好，一直名列前茅，結果長大了，獨立了，一個月也未必來看自己一次，總說自己忙，總說有很多事情要做。後來出國了，在國外結了婚，一年也不見得往家裡打一次電話，他說自己還年輕，要為事業打拚，他說他看到了外面更廣闊的世界。可是他從來沒有意識到此時的父母已經是八十歲的老人，行動不便，快要無法照顧自己，結果老兩口沒有別的選擇，只得賣了房子到養老院去，每當問到兒子，他們總是一副又驕傲又無奈的樣子，驕傲的是，兒子在事業上很成功，無奈的是他的心中從來沒有真正意識到父母的渴求。

　　想到這裡，內心冥冥之中就產生了一股傷感和悲涼，倘若現在你旁邊的孩子意識中始終沒有將孝順這兩個字裝進心裡，即便你把他培養成領域中的菁英，他在個人的道德方面依然還是有所欠缺，他看不到父母的需求，就很難理解他人的需求，當他的心中只有自己的時候，即便很聰明，也同樣會限制自身的發展。

　　想到這裡，我的腦中突然閃過了這樣一個鏡頭，一個母親為家中的老人家端洗腳水，孩子看到了以後，轉身又去為媽媽端洗腳水，一邊幫母親洗腳，一邊跟母親分享小鴨子的故事。當時的情景真的很讓人陶醉，我想，身為父母，倘若自己的孩子能做到這一點，哪怕是一天，那也將是他們生命中最幸福的時刻。但幸福需要我們用心去爭取，我們需要勇敢的向孩子表達自己的愛，同時也需要勇敢的向孩子表達自己內在的需求，我們需要在與孩子的互動中不斷澆築內心的期待，我們需要適時地示弱，讓他們在心中產生保護父母，孝順家人的意識，我們需要用智慧不斷引導他們，這或許也是一種情感上的投入，而這種投入將會更好的完善孩子的品德，也可以讓我們擁有更幸福的晚年生活。所謂的安全感是雙向的，小時候孩子的安全感由我們負責，那麼長大以後，我們的安全感必然會有賴於他們。在這裡想說的是，父母的愛並不意味著要將自己打造成一個全能的超人，而是要讓孩子意識到自己的付出，意識到自己的使命和責任，意識到有一天我們會變老，意識到那個時候，我們會轉過頭來成為一個需要關懷的孩子。

　　大人有大人的煩惱，大人有大人的無奈，孩子遲早會成為大人，大人也遲早會步入老年，這個過程中，最大的渴求莫過於親情和理解，而所謂的理解，不在未來，就在當下你與孩子點點滴滴的互動共處中，就在你示弱的片刻，他對你報以關愛和溫情，開始關注和照顧你的生活，當你可以從他的眼神中看到溫暖和柔情，當你真正體驗到他語言行為中的改變，你就會在欣慰中將心安定下來，什麼算是教育的成功？不論地位，不論才華，孝字當先，才是父母教育孩子過程中最大的智慧啊！

─── 趙中華老師語錄 ───

1. 目中無人的人沒有未來，心中有人的人更容易成功。

2. 每個人都想擁有最好，會分享，你會因此得到更多。

3. 會關心別人的人，永遠受人尊重。

不悌：兩個孩子為了利益，不惜大打出手

家長問： 現在很多家裡都不再是獨生子女，有了老大就想要一個老二，結果發現四口之家比三口之家更難經營，兩個孩子好像是天生的冤家，都希望從父母這裡得到更多的愛，結果哥哥沒有哥哥樣，弟弟沒有弟弟樣，兩個人總是因為一點小摩擦而大打出手，真是不知道怎麼辦才好？

老師答： 想讓這樣的事情不發生，首先要做的事情就是讓兩個孩子意識到，生命中有彼此陪伴是件幸福的事，當他們開始珍惜這種緣分，善待這種緣分的時候，所有的困擾都會因此迎刃而解。父母只能陪孩子走一段路，而之後的日子，有這樣一份血脈之情，本身就是一件多麼開心的事啊！

子曰：非禮勿視，非禮勿聽，非禮勿言，非禮勿動。

—— 《論語》

📖 譯文：

孔子說：不合乎禮的事情不看，不合乎禮的話不聽，不合乎禮的話不說，不合乎禮的事情不做。

　　有一次和朋友一起出差，他一路上都在看著妻子發的訊息搖頭。我問他到底出了什麼事情，他說：「還能有什麼，老大打了老二。這兩個孩子啊，親兄弟跟冤家似的。」我說：「怎麼會？以前的人家，誰家沒有幾個姐妹，也沒有誰會跟誰大打出手啊！」「你不知道。」朋友說：「現在的孩子都以自己為中心，我們家那個老大，老二生出來的時候就看他不順眼，見我們不注意就上去打鬧幾下，好像這個世間有一個人馬上要搶走他心愛的玩具一樣。可能就是這個原因，從老二懂事起就跟他不對盤。你不讓我動的東西我非要動，你不讓我拿的東西我偏要拿。你說你想要爸媽的愛，我這個小不點偏要像無尾熊一樣掛在他們身上給你看，告訴你爸爸媽媽是最愛我的。這老大看了怎麼可能不生氣，所以這兩個孩子啊，我們家每天都安靜不了，動不動就踢起來打起來，怎麼管教都沒用。現在老大又打了老二，我在外面，妻子一個人說招架不來，這要怎麼辦啊？」

　　聽了這些話，我哭笑不得，現在很多父母都決定要生第二胎，這意味著三口之家將迎來新的家庭成員，有些孩子被熱切地期待著，有些孩子則始終是不高興的。因為他們知道，這個鬼東西降臨之後，父母的愛就無法完全屬於自己了。這是一種典型的以自我為中心的自私行為，而這種自私行為，在男孩身上有，在女孩身上更常見。女孩子心思細膩，內在情感比較敏感，所以在面對老二的時候，雖然嘴巴上不說，內心免不了一種無名的哀傷。於是，這個問題已經成為了很多二胎家庭所面對的一個重要問題，如何讓兩個孩子相處得更融洽，如何讓兩個孩子能夠彼此關愛，脫離那個以自我為中心的陰霾，就成為了現在很多父母所關心的問題。

　　有句話說「守孝悌，賜謹信」，這裡面孝指父母，悌指的就是兄弟姐妹。但事實上現在很多孩子在心裡很難接受與一個同根生的孩子一起分享心愛之物，更無法忍受父母將更多的照顧投向別人。如果這時候不能有效地扭轉他們小霸王的局面，幫他們從自身那種愛的私人空間中轉變過來，不但會影響家中的父母兄弟姐妹的和諧關係，還可能讓他們在步入社會的時候，陷入更多痛苦和不堪。

　　那麼究竟怎樣有效的解決這個問題呢？很多父母說，其實面對這件事，自己是很難抉擇的，手心手背都是肉，罵哪個都覺得不忍心，但不罵的話，衝突就會越來越激烈，每天的工作生活已經很疲憊，回家兩個孩子再這樣打打鬧鬧，成年人實在是力不從心。其實想解決這個問題也很容易，只要我們讓他們對彼此產生同理心和共情心，讓他們能夠站在對方的角度去看待問題，讓他們意識到身邊有這樣的兄弟姐妹是件幸福的事，讓他們知道把愛分享給彼此會因此而得到更多的快樂。那麼這種內心的痛苦和煩惱，就會被一種快樂和成就感所代替，他們會因為生活中有這樣一個一起成長的夥伴而快樂，從此放下內心的私慾，開始源源不斷為彼此付出，以至於有一天，某個人突然間離開家兩天，自己還會因此而擔心掛念，產生不習慣的感覺。

　　我就有這樣一個很有智慧的朋友，他有兩個孩子，彼此之間只相差一歲，起初哥哥很排斥弟弟，弟弟剛出生，尚未懂事的哥哥就爬到弟弟的小床邊抓他的脖子，結果一道道的紅印子差點把弟弟抓成花貓。後來夫妻倆覺得這樣不行，一定要讓孩子從小產生一種兄弟情深的依戀關係，他們對孩子一視同仁，只要哥哥有的，弟弟就有，只要弟弟有的，哥哥一定也會有。除此之外，他們還不斷訓練哥哥弟弟的互助精神，讓

他們一起參與一場遊戲，找兩個大湯匙讓他們為彼此餵飯，起初兩個人的配合並不是很有默契，但後來終於在遊戲中找到了感覺，有說有笑還吃得很開心。就這樣哥哥和弟弟很快解除了內心對彼此的不安全感，成為了相當要好的朋友，夥伴，而且感情也相當深厚。這樣一來，整個家的氛圍也因此煥然一新，哥哥會隨時隨地維護弟弟，弟弟也會隨時隨地幫助哥哥，一旦有誰遭遇了困難，第二個會毫不猶豫衝上前去。

其實在很多父母看來，這是我們心中最滿意的狀態了，我們真的希望，四口之家會比三口之家更幸福，當我們做出這個選擇的時候，不外乎是希望在他們成長的過程中，孩子不至於感覺到孤單。

所以，面對家中兩個調皮搗蛋的小傢伙，與其一定要用孝悌之法嚴格地要求他們，不如讓他們一起來做一個問卷，我們可以羅列出下面一些問題，並引導著他們一起來做出正確的答案：

1. 你心目中渴望擁有一個怎樣的兄弟姐妹？

2. 你希望他心中的你是什麼樣子？

3. 你覺得你應該怎樣有效的維繫好自己的形象？

4. 你覺得你是否渴望讓對方更了解自己？

5. 你願意去了解對方嗎？

6. 你的需求是什麼？

7. 你覺得他的需求是什麼？

8. 你覺得現在的這個兄弟姐妹是自己滿意的樣子嗎？為什麼？

9. 你覺得你身為他的兄弟姐妹，對自己的狀態滿意嗎？

10. 你覺得自己要採取怎樣的改變？

11. 你希望對方採取怎樣的改變？

12. 你覺得怎樣才能更好的與他相守彼此的成長人生？

13. 你覺得你們兩個人在一起的時候，怎樣的狀態是最舒服的？

14. 你覺得你們共同達成的目標應該是什麼？

15. 你覺得怎樣能夠維繫好你們之間共同的利益呢？

16. 你希望每天在一起的時光中是笑著還是哭著？

17. 你覺得你們在怎樣的互動狀態下是最美好的？

18. 你覺得他叫你一聲哥哥／弟弟／姐姐／妹妹的時候會幸福嗎？

19. 你覺得你應該怎麼有效的培養好這種內心的幸福感呢？

　　完成了這一系列的問卷，兩個孩子可以交換給對方看，然後嘗試著向對方微笑、擁抱，告訴彼此，其實這一生有這樣一個你是件很幸福的事情。我們可以讓他們下決心，放在自己內在最私密的一面，把對方當成是自己生命中最好的禮物，或許就時間而言，總有一個會早一些來到這個世界，但就生命而言，無所謂早晚，當孩子可以以共情接納的態度去擁抱彼此，那將是父母最高興的事情。所謂愛，就是能夠讓我們從中感受到喜悅的力量，兄弟姐妹的情感是一種交融，在成長的過程中，他們對彼此的珍惜將會成為生命歷程中另一種愛的投入，倘若從小就在不缺愛的同時，源源不斷傳遞愛的力量，那麼在他們有愛的精神世界裡，會看到愛為他們帶來的更多價值、回報，和數不清的感動和圓滿。

───── 趙中華老師語錄 ─────

1. 心中有兄弟，道路寬無懼，朝夕互為伴，此生不孤單。

2. 倘若有一個人，可以在有限的人生中給予你最長的陪伴，那麼你就一定要珍惜。

3. 在互動中，傾注關愛，你就會在關愛中行走一生。

第六章　孝悌告訴他：「我是你的貴人，不是你的傭人」

第七章
想要成績好，先要活出自己的真性情

厭學：孩子不愛念書，不想複習怎麼辦

家長問：我現在越來越搞不懂自己的孩子了，極度厭學，極度不愛念書，好說歹說都不聽，每天要他複習功課跟坐牢一樣，坐在那裡一臉煩躁，看著就生氣。請問老師，遇到這樣的問題少年，我到底該怎麼辦呢？

老師答：其主要原因是，你沒有真正地讓他從中找到興趣和成就感。

子曰：「學而時習之，不亦說乎？」

——《論語》

📖 **譯文**：

孔子說：「學了又時常溫習和練習，不是很愉快嗎？」

很多家長都很困擾，說自己的孩子不願意念書，每天只知道玩線上遊戲，說念書太痛苦了，真的不想再繼續下去。針對這個問題，我曾經問過一個學生：「為什麼喜歡玩線上遊戲，不喜歡念書呢？」他的回答是：「念書找不到成就感，沒有鼓勵，只有責罵、比較、奚落，每天看著老師和爸媽那張苦瓜臉真的已經夠了。但是打線上遊戲不一樣，我在不斷挑戰自己，我過關的時候，會有很多人稱讚我，那時候我非常有成就感，覺得自己是天底下最棒的人。」

看吧？問題就在這裡，什麼能夠帶給孩子成就感，他就會首當其衝去做什麼。什麼能夠在他腦中分泌更多的多巴胺，他就會首當其衝選擇什麼，不管這件事對自己未來會產生什麼樣的影響，不管這件事是正確還是錯誤，他都會去選擇，因為他能從中找到自我價值，即便這種價值本身在我們看來是無用的，是虛無飄渺的。

　　為了得到一份肯定，所有的人都會不遺餘力，這種肯定有時候是別人給自己的，有的時候是自己給予自己的。別人給予自己的，就是一種認同，是每一個家長需要做的功課，要讓孩子在你的積極鼓勵下不斷體驗成就感，而不是因為一時成績差就去數落他、批評他。而自己給自己的，則是要讓孩子在學習的過程中真實的體驗到內在的成就感和自信心。

　　曾經有一個孩子就說：「我最討厭媽媽說：『看看那個誰家的誰，人家怎麼聰明，你怎麼這麼笨。』這個時候我心裡就非常不舒服，你不是說我笨嗎？我就笨給你看，我就是不讀了，你能拿我怎麼辦呢？」在這樣的自我認同下過生活，你的孩子長大以後，從心理健康角度來看一定是有欠缺的。

　　曾經有一個孩子，學業成績一直不好，老師甚至要他退學。但是他的爸爸卻說：「我的孩子一定會成為班級裡最厲害的學生，未來也會成為所有孩子中最優秀的人才。」兒子問：「爸爸，為什麼？」爸爸掏出了孩子書包裡所有的書籍，疊在一起，用尺量了一下說：「兒子你看，沒有多少東西，所有的知識都在這裡了，整個加起來也就一把尺再多一點點，你只需要每天學習一公分的內容，這對你來說，根本不是多麼困難的事情。更何況，學習並不是一件痛苦的事情，它是一種遊戲，你只需要掌握其中的技巧，就有很多種玩法，所以你首先要掌握內容的核心，把這些東西掌握在手裡就天不怕、地不怕了。我相信我的兒子一定是最棒的。」

　　從那以後，這個孩子就變得不一樣了，每天開始主動念書，突然間他覺得眼前的知識再也不是他想像中那麼難以理解的東西，他自覺地去

背公式，用心地寫文章，將英語單字一個一個拼寫出來，這個時候，他終於從學習中找到了成就感，並漸漸地愛上了學習。

很多家長說：「現在的孩子抗壓力實在太差，一次考試失利，便開始頹喪起來，幾乎好幾個星期狀態都調整不過來。總是說：『我念不好了。不想堅持了。』」

但是這裡想說的是，學習這件事，本身就是一個自由探索的過程，因為知道自己的不足，知道自己所學知識的局限，才更應該產生一種亢奮的心理，這種積極進取的信念，是我們家長應該用心培養孩子的。我們可以說：「哇，天下竟然有問題能夠難得倒我兒子，那接下來的日子真的有得玩了。學習的知識沒有掌握，就需要不斷反覆練習，小鳥羽翼豐滿以後，也不是一下子就能飛上藍天的，這是一個循序漸進的過程，只要你覺得其中有那麼一些知識，自己已經掌握了，那就是一件值得開心的事情，倘若你發現有一些知識還沒有掌握，那也是值得開心的，至少你知道自己存在不足，不足的空間越大，成功的空間就越大啊！」

《禮記‧學記》云：「是故學然後知不足，教然後知困。知不足然後能自反也，知困然後能自強也。故曰：教學相長也。」對於知識而言，不斷思考便會從中不斷獲得驚喜，學日日新，時時生新，越學越熟識，越是能從中品出更多的內容。時時人不同，時時念不同，時時思不同，時時得不同。反覆凝練便可以不斷從反覆中得到更多。我們需要讓孩子在學習過程中享受這樣的過程，不斷有新鮮的智慧湧現出來，不斷有新鮮的靈感呈現出來，在這樣的狀態下，他自然會從中發現興趣，找到自己的成就感，願意在自己的知識成就中多花費精力和時間，因為這個時候他可以從學習的過程中，不斷地找到興趣感和成就感，而這一切正在循序

漸進的成為一種習慣，這種習慣養成以後，一切的人生體系就會向著良性的方向運轉，到時候家長不需要做什麼，孩子也會自主學習，因為他能從中找到快樂和喜悅，而對於一個人來說，能夠源源不斷為他提供快樂喜悅的事情，往往是他整個人生選項中，最容易堅持下去的事情。

什麼才是人生真實的喜悅，真實的喜悅是藏在心裡，並不被別人知道的。因為在學習的方式中得到了，這種得到融入了生命的血液，以至於激發出了真實的喜悅，這件事僅僅只有自己知道，卻足夠讓內心富足，這是很難用語言表達出來的，需要自己在人生的過程中不斷學習，唯有不斷在內心中見到喜悅，才能不斷從覺悟中享受成就，這種能量是自發的，對於一個養成良好思想習慣和學習習慣的人來說，這種能量隨時可以自發調取出來。之所以去做，不是因為別人的鞭策，而是因為自己真誠熱愛，這是完全不同的兩個概念，也是家長幫助孩子有效進行自我轉化的契機。

曾國藩說：「天下所有的東西只要花力氣去磨製，都能改變它的本質，而成為別的精彩的東西，更何況追求學問的人呢？只要每天接受新的道理，花百倍的功夫，又擔心什麼不能變化自己的氣質，超凡入聖呢？」對於知識而言，如果只是理解為對知識的溫習，就不全面了，學了之後，只有按時及時去練習、去實踐，才能最終獲得內心的喜悅。

讓孩子在學習中找到自己的價值和意義，讓孩子不斷在學習的體驗中找到成就感，所謂蛻變就會從那一刻開始。在這個過程中，身為家長，你的鼓勵、智慧、引導和支持，一定是至關重要的。

───── 趙中華老師語錄 ─────

1. 學習不是空談，唯有能夠在生活中加以實踐，那才是真正具有價值和意義的事情。

2. 不是學習沒有用，是你從未真正地運用過它。

3. 但凡覺得學習痛苦，往往在於他沒有真正從找到樂趣，一旦樂趣被開啟，後續的成就感便會成為他們生命中不可缺少的動力。

無趣：天天偷看漫畫書，手裡一本有用的書都沒有

家長問：前陣子我被孩子的老師叫到了學校，一進門人家什麼都沒說，直接擺出好幾本從孩子那裡沒收的漫畫書，老師說，孩子上課時不好好聽課，把課本的封面套在漫畫書上，看著一副蠻認真的樣子，其實根本不是那麼回事，再這樣下去乾脆回家算了。我一聽真的很慚愧，到底該怎麼辦呢？

老師答：孩子之所以會喜歡漫畫書，是因為漫畫書裡沒有壓力，還能帶來很多樂趣。這時候與其強迫他丟掉漫畫書，不如用心培養他學習的興趣，當他能夠在學習中找到成就感的時候，漫畫書的吸引力也就自然而然從他的世界裡消失了。

子夏曰：「日知其所亡，月無忘其所能，可謂好學也已矣。」

📖 **譯文：**

子夏說：「每天知道自己所沒有的知識，每月複習已經掌握的知識，可以說是好學了。」

這個世界充滿了誘惑，尤其是對於好奇心極重的孩子，更是會輕易被一些新鮮事物吸引過去。然而父母都很希望自己的孩子能夠對學習產生濃厚的興趣，但最終結果往往事與願違。他們要麼會對玩具痴迷，要麼與漫畫為伴，甚至有些孩子從小學到高中畢業，手頭都有看不完的漫畫書，那裡的劇情峰迴路轉，而成績卻一落千丈，這樣的狀態怎能不讓父母揪心。但究竟應該怎麼解決這個問題呢？

前段時間一個同事告訴我，現在的自己一直對孩子的教育問題很頭痛，說自己家的孩子，被老師告狀上課膽敢翻看漫畫書，還把課本的封面包在外面做偽裝，結果老師課程都講了一半，他什麼也沒聽進去，直到老師叫他起立回答問題，他才瞬間從漫畫書的世界回到正題，一臉懵懂地站起來，支支吾吾不知該說些什麼，於是老師走上前去看他的書本，卻發現裡面竟然是一本漫畫書。這次可把老師氣得要死，回到辦公室以後，就忍不住打電話給家長，而且據導師反應，孩子已經不只一次被老師現場抓到了，屢教不改，一而再再而三，現在成績已經是全班倒數，再這樣下去，除了退學沒有別的選擇了。

聽到這樣的話，身為父母誰不著急。於是回來以後，就找孩子談話。結果他的反應是：「學校的課程我也不想上，一點意思都沒有。如果老師說我不適合上學，那就不上了啊。」聽到這些話，我的同事一時之間怒火沖天，大罵了孩子一頓，督促著他認真完成作業，起初幾天貌似有所收斂，但之後又再次重蹈覆轍，搞得她不知如何是好，於是藉著工作關係找到了我，問我到底該怎麼辦。

我說：「你有沒有考慮過，為什麼漫畫書對孩子那麼有吸引力？為什麼學校的課本，對他的吸引力就不大呢？裡面一定有原因，掌握住孩

子的興趣，著眼於重點進行引導，總比盲目採取行動更有效。」聽了我的話，這位同事順勢開始推理說：「可能是漫畫書的故事寫得實在太精彩了吧！」「也許是！如果是這樣，那我們就需要以此好好的做做文章了。」

古人云，真正的精緻的學習態度莫過於：「兩耳不聞窗外事，一心只讀聖賢書。」當年陶冶古人性情的，是聖賢之士的道德文章，因為他們有志於此，所以甘心被這些文字包圍，於是全心沉浸在它的世界裡，成為它浩瀚海洋中的一部分。他們心中是樂於如此，甘願如此的，所以覺得每天與這些內容相伴，是自己活在世間最快樂的事情。

對於現在的孩子來說，他們所接收到的資訊太廣泛，所能接觸到的內容太廣泛，他們的選擇太廣泛，因此他們內心的欲求也變得廣泛起來，於是我們看到，他們的選擇開始漸漸背離自己應有的選擇，他們的思想因為過度的接受而變得凌亂不堪。這也就是為什麼有些孩子會在上課的時候做其他事情，即便是不做其他事，他們的腦子裡始終都是其他的東西在流動。就成年人來說，一個人看過的書、行過的路、見過的人，都是鍛造深化他們靈魂的重要組成。倘若這個時候，這些部分凌亂了，承載一系列多餘和不堪的成分，那麼對於這個人的前程，未來，乃至於他的道德和素養都會有很大的影響。

說到這裡，讓我們回到漫畫書的議題，我也曾經跟一些小學生探討過這件事，我問他們為什麼那麼喜歡漫畫書。他們的答案是：「很輕鬆，很精彩，自己會因此而放鬆下來，伴隨著精妙的故事情節，沉入角色，那種感覺實在是太享受了。」

我聽了以後，笑了笑對他們說：「倘若如此，你們只能是一個讀故事的人，卻做不了創造故事的人。」聽了這話，他們很好奇地看著我說：

「這是什麼意思呢？」「你覺得故事為什麼那麼吸引人？因為創作故事的人很有能力，他已經深入到了你們每一個人的心裡，而且精通於你們內在強烈的好奇心，除此之外，他必須結合現實，將一系列的知識牢牢掌握，因為如果這個時候，自己對知識的掌握不扎實，就難以更好的取信於人，如果這個時候，稍微在邏輯上出現問題，很快就會遭到讀者的排斥。所以他必須在知識和邏輯上做到最好，從而不斷地精進自己的文字功力，將每一個畫面安排得深入人心，這樣才能贏得讀者的認同和喜愛。於是，你們就這樣直接地感受到了他的創作，卻從來沒有意識到原來在內容背後，隱藏著這樣一個有身手的人。他用他的才華偷走了你的時間，但你卻心甘情願的利用寶貴的學習時間去跟隨他的故事情節。試想一下，如果當時的他也像你們一樣，上課不好好學習，只知道看閒書，或許現在你們手中的故事，就不是由他來創造了。孩子，一切都是循環效應，你是願意今後只成為那個在別人成功底下的看客，還是從現在開始，努力改變自己，成為那個日後用思想引領別人的重要角色呢？」聽了這些話，很多孩子頓時開始覺悟：「哇，原來漫畫書背後的創造者這麼偉大，但又那麼可怕。我不能只成為他的看客，我以後也要成為那個寫故事的人。」我聽了以後，摸摸他們的頭笑笑說：「想想看，這些漫畫書的創造者現在已經成功了，但是你們還小，可以創造比他們更偉大的成功，但是如果你現在只在他們的作品中花費時間，而錯過了自己努力的光陰，這樣的行為是不是很愚蠢呢？這意味著，你在為別人的成功買單，卻心甘情願的失去自己成功的機會啊！」

聽了我的話，很多孩子都受到了啟發，他們發誓從今以後，再也不看漫畫書了。我聽了以後搖搖頭說：「這倒也不必，你可以放一本在自己的書桌上，每當想看的時候，就想想老師說過的話，這樣你的內心就會

因此而生出力量，知道此刻的自己最應該做的事情是什麼了。」

　　身為父母，我們知道書到用時方恨少的滋味，在社會中沉浮數載，自己吃過的虧，真的不想讓孩子經歷，現在的他們，人生才剛剛開始，但若這時出現了偏差，那對於他們的未來而言，影響是相當深遠的。我們曾經經歷過詞窮的尷尬，我們曾經經歷過無知的迷茫，我們曾經因為機會的錯過而消沉過，但這不代表著，我們要在教育孩子這件事上不明智。對於孩子興趣的偏差，我們首先要做的就是精進孩子身邊內容上的選擇，其次就是讓他們心甘情願的為自己未來而努力。我們要讓他們預見性的明白，現在手中的一切都是別人成功後的傑作，倘若自己當下只知道沉淪於別人的創造，那麼自己的人生將不會再有屬於自己的創意。創意源自於知識，知識就在腳下，選擇正確的方式去贏得它，獲得它，這樣才能為明天多加上一成勝算，多一份內在從容和自信。

　　有一位日本著名小說家說過這樣一段話：「面對生活，我隨時可能失去力量，但想到自己看過的書，行過的路，經歷過的故事，自信就會重新歸來，人生就會因此充滿力量。」真正的力量源自於你的知識，人們常說：「知識改變命運。」倘若現在，改變命運的鑰匙就在他們自己手裡，那就鼓勵他們勇敢地提升自我，全力以赴開始探索屬於自己的成功吧！

趙中華老師語錄

1. 想讓孩子改變，就要多做一些能為他帶來希望的事情。

2. 興趣是基礎，它是唯一可以支撐一個人走到最後的力量。

3. 所謂的畏難，多半是因為自己不情願。

不專：孩子讀書不專心，總是三心二意

家長問：現在的孩子常常會被各種外界事物誘惑，讀書時很不專心，就拿我的孩子來說，回家寫作業總是拖拖拉拉，一會玩玩這個，一會弄弄那個，最後熬到天都黑了，一開門，功課只有做了眼前那麼一點點，問他都在幹嘛，他自己也答不上來，真傷腦筋，到底應該怎麼處理這樣的事呢？

老師答：你說得沒錯，孩子不專心是因為誘惑太多，眼前有這麼多個窗口開啟，是因為我們沒有對孩子學習的環境進行精心的設計，調整孩子的心理是一方面，但環境建設也是其中不可忽略的部分，我們需要給予孩子積極的鼓勵，幫助他們遮蔽掉眼前的那些不必要的事物，這樣他們的專注力才能匯集到一點，讀書效率也會大大提高。

心欲其定，氣欲其定，神欲其定，體欲其定。

—— 曾國藩

📖 **譯文**：

人唯有內心安定，精神才能夠安定；唯有精神安定，身體才能夠安定。

有一次帶著員工一起進行團體培訓，到了快結束的時候，接到一個家長的求助電話說：「趙老師，現在我有一件非常困惑的事情想求你幫忙，對這樣的孩子，我到底應該怎麼辦呢？」

聽到他急切的聲音，我問：「發生了什麼事情呢？」他嘆了口氣說：「我也說不清楚是怎麼回事，起初我覺得自己的孩子特別用功，回到家就把自己關在房間裡寫作業，都到晚上十點了作業還沒有寫完。當時我想，怎麼學校給一個小孩子安排這麼多作業啊？所以直接打電話問導

師，導師聽了很納悶說：『不會啊，現在政策倡導多元學習，孩子沒有那麼多作業了。』後來我又問了幾個學生的家長，他們說自己的孩子不到一個小時就把作業做完了。我聽了以後就覺得奇怪，那這麼長時間，我的孩子究竟在做些什麼呢？於是就偷偷的在他的房間裝了幾個監視器，決定好好觀察一下他。結果我看到，他回到家打開書包拿出課本以後，僅僅看了兩、三頁，就轉過身去玩房間裡的玩具，再不然就起身到冰箱裡拿些吃的，再不然就坐在那裡玩手機，一連好幾個小時過去了，根本就沒有碰書本一下。等到天快黑了，他才開始寫作業，可進行了不到半個小時，又開始變得不專心，只見他一會翹翹腳，一會玩玩手指頭，這樣時間又過了一個小時，然後回過神來，又開始寫作業。就這樣從放學到睡覺，所有的時間他都在三心二意中度過。我是耐著性子在房間看完了整個過程，晚上他睡覺了，我卻躺在床上怎麼也睡不著。真不知道孩子到底是怎麼想的，竟然做事情如此不專心。我本來是想說好好跟他談談，但卻不知道應該從哪個方向著手，所以還是想請教一下專家。究竟孩子是在心理上出現了問題，還是意識上太薄弱呢？」

聽了他的訴苦，我點點頭說：「這是很多孩子的通病，我還見過一些孩子，上課的時候看似很專注地記筆記，其實書本上到處都畫著他們上課期間的作品，要麼把書中的插圖改了妝容，要麼就自己創作一個插圖出來，再不然就將內容進行二次創作，總之老師講什麼，自己並不知道，因為在這上課的四十五分鐘內，他正全心全力投入到了三心二意的花花世界裡。等到老師提問的時候，才突然意識到，原來這堂課不是繪畫課，而是數學課。對於這樣的事情，最好的方法就是讓他們體驗到專注帶來的好處，這樣才能讓他們對凌亂的內心，五花八門的欲求進行有效的自我控制。這項訓練並不需要我們板著一副陰森的面孔，而是要不

斷對他們的積極作為加以讚美和鼓勵，讓他們真真正正地享受到專注完成一件事之後的愉悅感和成就感，這樣一來孩子就會自主的做出改變，不再願意回到當初那個三心二意無所成的自己了。」

孩子之所以會三心二意，原因就在於同一段時間，他的欲求向著好幾個窗口開啟，這些內容本來應該是有先後順序的，但是此時的他們，因為無法在順序中進行抉擇，所以下意識將好幾個頻道同時開啟。因為這些頻道能夠源源不斷地向他傳遞各種資訊和誘惑力，於是他們的注意力就會因此而難以凝聚，他們的意識也因此由集中變成了發散，效率就因此而受到影響。這看起來是一件小事，但是就一個孩子的身心健康來說，倘若這樣的事情再繼續發展下去的話，很可能會為他們的成長帶來相當不利的影響。

曾經有一個孩子跟我說：「趙老師，不知道為什麼，我的腦袋總是感覺很亂，到了晚上睡覺的時候，它依然不能完全的休息，很多畫面會突然間從我的意識中跳出來，於是我跟著它興奮，跟著它波動情緒，等到這陣風過去以後，突然另外的畫面又插入進來，這樣好長一段時間都無法入睡。現在老師總說我上課的時候，不能集中注意力，我也不知道自己為什麼就會走神，很多莫名的內容會瞬間進入我的大腦，很快我就會被它們帶到不知道什麼地方去了。其實我很想讓自己的大腦安靜下來，我知道這些內容都是我經歷過的，但我並不想讓它們在我不需要的時候出現，可是……我自己做不到。」當這些話說完以後，孩子委屈地流下眼淚對我說：「趙老師，您有什麼方法能救救我嗎？」

聽到這件事，我已經對他的生活狀態猜得八九不離十，這個孩子在學習生活中一定是混亂的，他一定是在事情的選擇上失去了調理，所以大腦才會習慣性地在他做一件事的時候，將其他的事情一併塞進他的世

界。於是我問他：「你平時寫作業的時候，都是什麼狀態？」「我每次寫作業，都很想認真地完成，可是後來我發現我怎麼也做不到，我的腦袋會瞬間浮現出一些學校的事情，然後聯想起某件東西，當我下意識地在屋子裡尋找這件東西的時候，另外一個想法就會悄然來臨，於是這個時候，我整個人都亂了，等我再回過神去寫功課的時候，卻發現我已經專心不了，安靜不下來了，於是，我會躺在床上休息，可腦袋還是在不停活動著。」「這種感覺一定是很疲憊的，對嗎？」我問道。「當然了，我覺得我很疲憊，這讓我很痛苦呢！」孩子說道：「有什麼好辦法呢？」

　　看到孩子內心世界的真實寫照，不知道身為家長的你作何感想？從心理學的角度來說，當一些事情進入我們的大腦時，這意味著，我們身體的大腦器官在源源不斷蒐羅著各式各樣的資訊，這些資訊在潛移默化地作用著我們的意識，不斷地為我們的生活帶來影響。而對於一個孩子來說，狀態也是如此。倘若他的空間中，充滿了各式各樣的誘惑，他所接觸的內容中承載了太多其他的內容，而此時的孩子又沒有能力對自己所需要的東西進行篩選，那麼就在下一個時刻，當這些頻道在同一個瞬間全部開啟，他的意識以及行為就會因此陷入混亂不堪的狀態。所以父母首先要做的，就是盡可能對他們所接觸到的內容進行有系統的篩選，對他們所處的空間進行精心設計，並幫助他們建立專注的意識習慣。這樣一來，孩子的思想才能得到淨化，而這將更有利於提升他們充沛的精力完善他們強健的體魄。

　　那麼究竟怎樣培養孩子的專注力呢？其中最重要的一個核心部分就是，讓他們能夠真正地享受到專注為他們帶來的好處，讓他們自願進行自我改變。例如我們可以跟孩子立下一個君子協定，陪著他一起做個實

驗，鼓勵他在一個小時之內專心完成作業，而之後的時間都由他自己來自由分配，同時爸爸媽媽還會給他一個大大的獎勵。這時候一定要將那個美好的預期描繪得盡可能完美，盡可能豐足，足夠勾起孩子內心的渴求。因為從心理學上而言，當一個人只需要很小的投入就能得到豐厚回報的時候，他的積極性會推動他集中全部能量和注意力去實現它。

在這個過程中，我們可以陪伴在孩子身邊，不去干涉他，也不去催促他，而是安靜坐在他身後，用內在的力量去鼓勵他。當他第一次全力以赴完成了一件事，而且達成了預期的一切時，我們便可以驕傲的為他們豎起大拇指，並及時兌現自己的承諾。

這一天，是孩子一生中的嶄新起點，這一天，他從一個思維混亂的孩子走向了專注的自己，這是一個孩子完成內在重生的一天，也應該成為他們生命中值得記住的日子。這將意味著，從那以後，他們將告別曾經不堪的自己，讓堅持的信念變得更加完整。而父母也應該讓這一天成為一個特殊的日子，因為在他悄然蛻變那一刻，我們將愛和行動發揮到了極致，我們成為了這一切真實的見證者。或許時光荏苒，孩子成年，翻回來再去回憶往事，那將是一段何等幸福的記憶，因為在那個自我蛻變的重要時刻，我們是陪伴在他身邊的人。

趙中華老師語錄

1. 不專心是因為手裡的事情沒有吸引力。

2. 想要保持專注，首先先要讓孩子找到專注的理由。

3. 當一個人全然的愛上某個領域的時候，即便是有再多分心的事情，他的意識也從來不會因此而動搖。

糊弄：寫作業總是敷衍，一點都不認真，就知道糊弄

家長問：我家的孩子寫作業很快，但是內容卻非常敷衍。每天放學回家，不到一個小時他就把作業搞定了，等到我檢查的時候，那潦草的字跡和錯誤的答案看著就讓人心煩。跟他說，你做作業一定要認真，每次都信誓旦旦，但到時候就不是這樣了，這樣從小就知道敷衍自己，長大以後還能有什麼出息啊！

老師答：面對這件事，我們首先要做的不是一味地抨擊孩子，而是要引導鼓勵他們成就一個更精緻的自己，他們要在這個過程中找到屬於自己的成就感，並在成就感中有了盡善盡美的積極行動，這樣的策略可以促使他們進行自我修正，同時可以有效改掉自己身上敷衍了事的行為習慣，一旦習慣養成，即便是我們要他草草了事，他自己也是過不了那關的。

子夏曰：「博學而篤志，切問而近思，仁在其中矣。」

——《論語》

📖 **譯文：**

子夏說：「廣泛的學習，不斷堅定自己的志趣，懇切的發問，連結當前問題進行思考，仁德就在這裡面了。」

父母都希望孩子能夠擁有一個更精緻的自己。不管做什麼事情，哪怕是一件很小的事情，我們都希望他們可以做到極致，做到完美。可是現在的孩子偏偏不聽話，對待手上的事情總是不緊不慢，尤其是在對待作業的時候，更是消極怠惰，很多家長都曾反映，對待孩子這種漫不經心敷衍了事的情況，實在是太困擾了。

　　在解決這個問題之前，我們首先要了解的事情是，孩子為什麼會消極怠惰，為什麼在面對作業的時候，總是在敷衍。很多家長覺得，這可能是因為孩子實在是太貪玩，總想著快速搞定這件苦差事，然後快速進入下一步的娛樂狀態，但事實上真的如此嗎？

　　有這樣一個孩子，他給人的感覺很努力，但就是在理科方面給人一種漫不經心的感覺。他每天會花費很長的時間來進行這些科目的學習和作業，但是當家長和老師檢驗成果的時候，卻發現他出現的錯誤都是在一些很微小的細節上。比如數學老師說：「這個孩子的邏輯能力那麼強，應用題上從來不會出錯，但是一到了純計算題，錯誤率就實在太高了。如果追究其原因，他在智商上絕對沒有問題，之所以會有這麼多的錯誤，就是因為他沒有真正用心，沒有縝密細心力求完美，時間一長，就形成了一種消極的惰性，以至於題目寫完以後都不願意再檢查第二遍，甚至對它的對錯毫不關心。」

　　其實現在的很多學生都有這樣的現象，在他們的心中都存在著一個「差不多先生」。還在孩子階段的他們，根本就不明白什麼叫細心，也不想在自己不感興趣的事情上花費太多時間。在他們沒有真正愛上學習之前，每天去學校都是一種例行公事，尤其是從幼兒園進入小學的階段，很多孩子都沒有真正地轉變意識，直到上了一年、兩年以後，他們才對學校與幼兒園之間的區別有所了解，開始意識到這兩者之間是存在差異的。

　　相較之下，孩子在幼兒園中的生活是相對輕鬆的，儘管也會安排一些作業，但對孩子算不上什麼沉重的負擔。即便是這個時候隨便敷衍一下，做做表面樣子，老師也不會多說什麼。而對於家長而言，我們總覺

得這個時候孩子還很小，還不足以承擔太大的壓力。可當孩子真正上了小學，情況就截然不同了，父母開始關注起孩子學習上的問題，而對於孩子而言，適應學校的生活，真正地把學習當成自己每天最重要的事，是需要一個過程的。曾經的自己，每天心裡想的就是混夠了幼兒園的幾個小時，就可以毫無負擔回家玩耍，可是現在每天有這麼多的知識要學，有這麼多的作業要寫，即便是回家也不得輕鬆，這樣的日子好像要比以前艱辛了許多。為了能夠有效達成某種平衡，他們很可能會在這個時候採取敷衍了事的行為，因為當自己快速的以這種方式完成作業後，他們便可以重新回到幼兒園的生活狀態了。

孩子之所以會對作業糊弄了事，源自於他們對所學內容的重要性沒有足夠的重視，他們從來不認為當下自己學習的內容會與自己的未來息息相關。尤其是小學的孩子，儘管每天都要在校園中度過很長時間，但心裡始終都覺得自己不過是因為父母上班沒辦法照顧自己，所以才會被託管在這裡而已。至於學到了什麼，如果有興趣的內容就會多聽一些，如果沒有興趣卻要完成一堆作業的，為了應付了事也就只能消極地敷衍了。

曾經有個家長就跟我談過這件事，他說他曾經跟孩子針對這個問題認真談過一次。孩子的反應是：「學校裡的作業太難了，難到自己連玩樂的時間都沒有了。這份苦差事唯一的應對方式就是盡快完成它，至於品質真的沒有過多的要求。對於那些自己不喜歡的科目，差不多就可以了，如果要在這些事情上浪費掉自己所有的時間，那簡直要把人逼瘋了。」

聽了這些話，覺得也有一定的道理，面對孩子內心的苦惱，很多成

年人雖然經歷過，但也早已伴隨著逝去的光陰，在歲月的荏苒下淡去了顏色。但在教育孩子之前，倘若我們能夠花時間來想想自己，就會發現，所謂的敷衍又有誰沒有經歷過。遇到自己不想做的工作，敷衍了事吧。面對不想做的家務，敷衍了事吧。面對那些自己不想經歷的事情，糊塗過去吧。甚至於有些家長，對孩子從小的教育引導都是：「爸爸媽媽不期待你能夠成為一個多麼偉大的人，因為爸爸媽媽也不是什麼優秀的人，我只希望你能夠快樂健康，其他的差不多過得去就夠了。」可是你知道嗎？你的一個差不多，並沒有為孩子的人生減少了壓力，反而催化了他們內心的消極意識。於是他們開始在自己的內心世界，喃喃對自己說：「我並不需要將一切做到極致，只需要差不多就好，雖然一切算不上一流，也挑不出太多毛病，這樣的狀態不是很好嗎？」

於是，就在此刻，那顆盡善盡美的心隕落了，孩子開始下意識預設平庸，不再刻意提升自我追求的高度，他們的內心世界，不再有昂揚的鬥志，若這樣的狀態一直延續，結果有多可怕，父母哪怕只是猜想也不寒而慄了。

說到這裡，很多家長一定會問，倘若事情已經如此，應該怎樣快速有效的解決問題呢？其實，這件事解決起來也很簡單。那就是找一件孩子最喜歡的事情，讓他嘗試著發揮自己所有的能力和智慧，力求將這件事做到盡善盡美。當他動用自己的智慧，最終達成一切的時候，那種內心的成就感和喜悅感會融入進他的靈魂，這時候我們可以對他說：「倘若我的孩子每一件事都能做得這麼精緻，那未來的他一定會成為一個傑出而優秀的人。」

曾經聽過這樣一個故事，一個木工馬上就要退休，老闆說：「在你

退休之前，能不能為我修建一棟房子？」於是這個木工因為想要快點退休而消極怠惰，蓋的房子存在很嚴重的品質問題，當木工交出鑰匙的時候，老闆卻將這棟房子送給了他，並開心地對他說：「這就是我送給你的退休禮物。」聽到這些，木工一臉不自在，悔不當初，可是一切都已經難以挽回了。

　　想到這裡，我真的很想請大家將這個故事分享給自己的孩子，告訴他們今日種下的種子，決定了未來收穫的果實。當下漫不經心的敷衍，收到的必然是敷衍作用下的果實。而在故事的一開始，每個人對光明的前程都是有機會的。父母所期待的，是幫助孩子擁有一棟天地間品質最好的房子，那裡承載了我們美好的期待，還有他的理性和未來，正所謂千里之行始於足下，九層之臺起於累土，美好的一切都要有一個明確的開始，而這個開始，很可能就是從糾正孩子寫作業的態度作為起點的。所以，不要再猶豫，是時候把那個「差不多先生」請出他們的內心世界了。

趙中華老師語錄

1. 敷衍的做法看似是針對別人，其實是一種自信的表現。

2. 盡善盡美，才能讓自己變得更加完美。

3. 即便是不擅長的事，也可以做到無可挑剔，這樣的人，格局是寬廣的。

代勞：有一天，他竟然說：「媽媽幫我寫作業吧！」

家長問：那天孩子說的一句話快把我氣暈了，放學回來他放下書包，就轉過頭跟我說：「哎呀，上學實在太累了，我現在只想看動畫，媽媽你幫我寫作業吧！」當時我就覺得現在孩子的學習態度怎麼這樣啊，作業甚至要我寫呢！看著我一臉不高興，他無奈地搖搖頭說：「如果現在我身邊有一個小機器人那有多好，那樣的話我就再也不用為寫作業發愁了。」聽完這些話，我整個人都要崩潰了，這樣的孩子到底應該怎麼教育啊！

老師答：孩子貪玩不愛寫作業其實是很正常的事情，我們總希望孩子拿出更多的時間來刻苦學習，卻沒有意識到，為什麼孩子不願意做這件事。倘若我們可以轉換角度，讓他們源源不斷地從完成作業中找到樂趣，那很快他們就會在學習的天堂中廢寢忘食。所以，動動我們的腦筋，學習未必就是孩子的苦差事，它可以是遊戲，每一份作業，每一個知識，都可以讓他們遇到更好的自己。

子曰：「君子求諸己，小人求諸人。」

—— 《論語》

📖 **譯文：**

孔子說：「君子要求自己，小人要求別人。」

「寫作業真的是一件很辛苦的事情，尤其是面對一些很難的題目，那時候的感覺實在是太痛苦了。痛苦到我真的想要趕快找到助力。於是我找到了媽媽，她說這題實在是太簡單了，於是我轉過身來央求她：『如果這一切在你看來如此簡單，那麼我親愛的媽媽，你來幫我寫作業，我負責玩要好嗎？』」

　　這是一個小女孩在日記中記錄的一個生活片段。每當看到這個生活片段的時候，我的腦海中都能浮現出她媽媽臉上尷尬的表情，小小孩子，內心就有這麼強大的託付心理，雖然事情小，但想想她那隱藏在內心世界的惰性，也足以讓父母揪心了。

　　回憶我們小的時候，很多孩子都有過同樣的依賴性，這也就是為什麼當時的我們都那麼喜歡看藤子·F·不二雄的漫畫。我們希望自己手中也有那麼一支神奇的筆，不管自己對那些題目會還是不會，只要手裡握著它，永遠都有正確答案。我們希望身邊有那麼一個小精靈，考試的時候，會在我們的耳邊竊竊私語，然後就可以輕鬆考個一百分。可漫畫就是漫畫，真實的世界是需要我們從小努力去應付的，更何況僅僅依靠這些東西，表面上看，自己是熬過了一關又一關的考驗，但真實的我們究竟從中得到了什麼，擁有了什麼？想到這裡，長大成人的我忽然間有了那麼一點莫名慶幸，幸好這一切，並沒有出現在真實的世界裡，以至於當下的自己才僥倖的從學校中學到了點東西。不然真不知道現在的我會變成什麼樣子，說不定已經淪落到了不知道人生的路究竟在哪裡。

　　現在很多孩子都有不同程度的託付心理，他們覺得只要是把自己的事情託付給別人，而別人比他想像的明智，自己就可以絕對的高枕無憂，自己就會因此得到莫大的安全感。但事實上，當一個人將自己的全部交付給另外一個人的時候，即便這個人對自己來說很誠懇、很親近，也很有智慧，但依然是一件很危險的事情。

　　如果你不相信，生活中處處都有這樣的事情。當一個女孩輕而易舉的將自己的幸福交付到一個男人手裡的時候，那將意味著她一輩子也別想得到幸福，因為所有幸福的鑰匙都不在自己身上。一個員工如果把自

己終身的願景全部交給一個老闆，那麼他隨時都可能面臨窘境，因為所有成功的籌碼都在別人身上。同樣，一個孩子，倘若將所有的事情都交付給父母，即便父母一切都是為了他好，也未必能夠達到他的稱心如意。倘若這個時候我們突然會意識到，我們的孩子因為我們的某個錯誤的舉動和選擇而出現了問題，身為他們的父母，這可能成為我們終生的痛苦和遺憾。

不管是要父母代勞作業，還是過分依賴著我們做任何事情。問題的核心，就在於我們養成了這個孩子的惰性。這樣的事情倘若出現一次，就會有兩次、三次，這樣延續下去，對孩子的成長非常不利。

那麼我們究竟應該採取什麼樣的方法幫助孩子積極主動的完成作業呢？下面結合我多年的教學經驗，為大家羅列出以下的幾點，希望能夠幫助大家有效的解決問題：

📖 **第一，告訴孩子這是他自己的分內事。**

當孩子面對問題的時候，這正是我們父母對他們採取考驗的最佳時機。倘若這個時候他們將依賴的眼睛朝向你，舉著手中的數學題目問：「媽媽這題該怎麼寫？」那麼這個時候，你必須表明自己的立場，告訴他：「這是你的分內事。媽媽負責你的生活，但並不負責你的作業，你分內的事情，是需要自己努力完成的。」

經過一段時間的強化，孩子便會知趣地明白這樣的求助根本達不到目的，與其白費工夫，不如考慮自主解決問題。我們可以對孩子說：「雖然媽媽這個時候沒有干涉你的分內事，但這並不代表著，你能夠對自己所要做的事情有所懈怠，倘若總成績沒有達到預期目標，那麼原定的郊遊活動，很可能就要泡湯了哦！」

📖 第二，不在其位，不謀其政。

對於父母而言，面對孩子的求助，我們總是無法真正的狠下心。每當夜已深沉，孩子還在為作業煩惱的時候，有些家長就會心疼的說：「趕快睡吧，明天還要上學，作業交給媽媽吧。」如此，孩子就會覺得心中有了依靠，下次，下下次，或者就在第二天，他們就會下意識的將功課拖到很晚，然後對你說：「媽媽，我累了，幫我完成作業吧。」

面對這樣的事情，我們一定要提前有所覺悟，面對孩子的這個問題，一定要拿出一個態度，正所謂不在其位，不謀其政。我們不是學生，真正擔任學生職位的是他們。學生原本就要自己完成作業，即便是熬到很晚，那也是他們對自己應盡的本分。從這一點來講，這本身就是我們不應該干涉的事情。一旦這樣的原則樹立起來，立場分明的意識條件下，孩子就會明白，現在的自己所能依靠的只有自己，但凡是自己的事，就不要想著推給別人。

📖 第三，狠下心來，知道也說不知道。

有些時候，孩子也很聰明，他會以一種示弱的心苦苦哀求父母為他們解決難題。比如當作業遇到困難的時候，他們會說：「媽媽你一定比我聰明，這題應該難不倒你吧！」聽到這樣的話，很多父母就因而有了不該有的舉動，對孩子要自己做的事提起了積極性。而這個時候的他們，只需要安靜待在一邊，帶著一種認真傾聽的神情，之後一切難題就會在大人的引導下迎刃而解。這會讓他們少付出太多的努力，即便這個時候，父母無意識地說上一句：「這些題目多簡單啊，你太笨了。」他們也不會帶有任何情緒，因為只要你把這道題解答出來，他們就可以輕鬆玩耍了。

　　所以父母這個時候一定要力求狠心，千萬不要被他們可憐的小眼神矇蔽，即便是知道也要說不知道。當你擺出一副愛莫能助的樣子，當你毫無憐憫之心地說：「Sorry, I don't know!」看似不近人情，實際上那才是真正的愛。而當孩子一步步的依靠自我的能力，穿越層層阻礙，實現自我價值的時候，他們一定會對當時強裝冷漠的父母心懷感激的。

　　看了這些，不知道身為父母的你，內心有怎樣的感觸呢？面對孩子的依賴性，面對他們的惰性，面對他們後續無盡的貪婪。倘若這個時候不採取一定的措施，那麼問題很可能會因此變得越來越嚴重，一道簡單的數學題目，對於我們來沒有什麼大不了，或許對於孩子而言，也沒有什麼大不了。但倘若在他們的信念中形成了無名的阻礙，那麼今後他們所要面對的就遠不只於此了。而更堪憂的是，此時的我們已經老邁，此時的我們已經不具有幫助他們解決難題的智慧，與其到那個時候和他一起承受無助、痛苦，不如從現在開始，讓他們擁有獨自面對難題的勇氣，摒棄依賴，摒棄託付心理，他們才能夠更有主見的駕馭自我，才能以更卓越的膽識和智慧，去迎接每一個明天，每一段未來。

趙中華老師語錄

1. 把自己的事情交給別人，等於把自己推向失控的邊緣。

2. 誰也替代不了誰一輩子。

3. 有些時候，最不想做的事情，就是生命中最重要的實情。

第八章

好的知見，才能鑄就好的行為

理想：理想鋪天蓋地，卻從來沒有認真行動過

家長問：現在的孩子理想都很超前，每當我和孩子討論未來的時候，內心都會激盪起莫名的喜悅，我感覺我的孩子很有想法，對未來充滿期待，在他的心中有很多很多的理想，也有他想要成為的人，可是當這些討論過後，我發現他的狀態始終還是老樣子，消極懈怠，貪玩厭學，與那個暢想明天的自己判若兩人，我告訴他：「如果你不認真做點什麼，你的理想永遠都到不了身邊。」可是他卻若無其事地做個鬼臉，調侃道：「它會來，而且我要它來它就來，讓它走它就走。」真的氣死我了。

老師答：之所以出現這樣的問題，是因為我們沒有調整好孩子對待明天的角度，他們始終活在當下，但未來是件很遙遠的事情，理想是明天的事情，而不是今天，所以我們需要將他們的當下與自己的未來連接，告訴他們此時的他們已經走在了通往理想的路上，理想每天都在推動自己，自己身處的位置並不是今天，而是未來，我們要讓他們感到未來一天天靠近的緊迫感，要讓他們提前看到明天的自己，這樣才能達到最佳的效果，無須揚鞭自奮蹄。

君子有高世獨立之志，而不與人一易窺；有藐萬乘，卻三軍之氣，而未嘗輕於一發。

—— 曾國藩

📖 **譯文：**

君子有高出世俗，獨立獨行之志向，但卻不讓人輕易覺察出來；有藐視君王，擊退三軍的氣概，但卻不會隨隨便便的表現出來。

　　曾經看到這樣一則廣告，身為一個父親被深深感動了。廣告中，一個孩子在媽媽的陪伴下快樂的成長，看著他大口吃飯的樣子，媽媽開始對未來有了偉大的想像，她想：「未來我的寶貝可能會成為一個科學家，可能成為一個藝術家，還可能成為一個優秀的商人，但是……就當下而言，他必須先學會好好吃飯。」

　　每當想起這個廣告，我都會不自覺想到孩子的未來。或許每個家長都和我一樣，每當看到自己的孩子在眼前跑來跑去，心中都會默默為他們祈福，不斷猜想著他們長大以後的樣子。於是，我們在他剛剛會抓東西的時候，在他的床邊擺上了各式各樣的東西，試圖去預測他們心中對自己明天的定位。我們常常在他們會說話以後，下意識地問：「長大以後，你想成為什麼樣的人呢？」儘管我們知道，在孩子的世界裡，那些冠冕堂皇的職位僅僅只是他們扮家家酒的模仿對象，而深挖到內在，這些職業對一個人的人生究竟意味著什麼，他們根本沒有概念。

　　但即便沒有概念，心中有夢想和憧憬總是好的。我們希望孩子的心中能夠早點燃燒夢想，這是他們有生以來在心中燃起的第一個意願，當一個人為了自己的意願去努力的時候，內在的能量就會因此而迸發出來，他們會不自覺的彰顯出活力、自信和潛在的創造力。於是我們心中對自己喃喃地說：「倘若當年的偉人能在少年時代說出：『努力向學，尉為國用。』那麼我的兒子在立定志向這件事上應該也不會遜色吧！」

　　然而讓很多父母苦笑的是，他們的孩子隨時可能許下很多很多夢想。他們走進商店的時候沒有買到心愛的玩具，就會噘起小嘴說：「以後我長大了，一定要開一家規模超大的玩具店，裡面的所有玩具都是我的，誰再也別想阻止我得到我想要的東西。」他們走進滑雪場的時候說：

「哇，滑雪太好玩了，我以後一定要成為一個滑雪運動員，這樣每天都可以在冰雪世界裡快樂飛馳了。」「他們走進圖書館的時候說：『我想成為一個優秀的作家、漫畫家，創作很多很多優秀的故事，這樣我的每一天都可以跟漫畫書待在一起了。』」後來到了學校，在老師的薰陶下，他們有的說自己想當科學家，有的說自己想當律師，有的說想當第二個賈伯斯（Steve Jobs），最終，孩子們把那些有名望、有社會地位的職業都說了一遍，但最終這些職業能不能成為他們未來的歸屬，就連他們自己也是懵懵懂懂，難以給出一個肯定的答案。

很顯然，這樣的願望是不明智也是不理性的，因為從來沒有意識到這件事與自己的明天有什麼必要的關係，所以才會出現一個令所有家長搖頭的情況，那就是剛剛在學校莊重地立下誓願，轉過頭來便又成為了一個調皮懶散的孩子，當我們問他們：「難道你忘記了你的志向嗎？賈伯斯小時候可不像你這麼不努力。」他很可能會轉過頭來做出個鬼臉，一臉壞笑對你說：「賈伯斯是誰啊？」之所以會出現這樣的事情，主要原因就在於，他們並沒有把心中的理想當作理想，也並沒有把自己的志向與真實的未來相連在一起。

那麼究竟怎樣讓他們意識到志向對一個人的重要呢？想要讓孩子真正被願望撼動，就要為他們創造一個讓願望生長的環境，讓他們長期身處在培育美好未來的氛圍裡，讓他們真正地意識到未來與自己人生的關係，當他們意識到，此時的自己已經行走在了未來的路上，生命中的每一天，距離那個光輝的頂點越來越近時，他們就會自覺的開始自我鞭策，因為他們知道，前方就是自己想要的東西，倘若這個時候自己不快馬加鞭的話，很可能就會因此錯過，而對於一個人而言，倘若在有限的

人生中，錯過了自己最渴望擁有的東西，除了遺憾以外，自身的價值也會因此淪陷，顯然這是誰也不想看到的。

　　曾經我的孩子和很多孩子一樣，也出現過類似的事情，當時他跟我說：「爸爸我想去開飛機、爸爸我想去當水手、爸爸我要成為火箭的創造者、爸爸我……」每當聽到他的願景時，我總是在微笑，然後積極地鼓勵他說：「兒子你真棒，爸爸好像已經看到你未來的樣子了。」但孩子終究是孩子，因為對這些職業沒有概念，對自己的未來同樣沒有概念，說完以後不到一天就忘記了。每到這個時候我會對他說：「兒子，還記得你的夢想嗎？」他點點頭說：「是啊，我都記得啊！」「那你要怎麼做呢？」我問。「好好讀書啊！」兒子說道。

　　「兒子，你回答得很好。」我說道：「爸爸為你開心。但是今天爸爸還想針對你的夢想提出一些建議，這樣可以幫助你更快的實現你的願望。」「更快的？那你說說看。」兒子抬起頭，用靈動的小眼睛看著我說。「兒子你知道嗎？當上天將一個偉大的志願裝進一個人的意識裡，就是有意要幫助他實現這個願望。現在你已經有了這麼多的願望，你的內心是不是會經常為此而高興呢？」我問道。「每當我想起來的時候，確實很開心。」兒子說道。「沒錯吧！好的想法會帶動好的情緒，這樣強大的能量才能不斷催化你的智慧，告訴你應該怎樣去實現夢想。但是，他為你開啟的是一條通向未來的路，如果你自己不站在這條路上，不拿出勇氣一路追尋的話，它也不會在你的生命中構成任何東西。所以，倘若你想要擁有自己渴望擁有的一切，就要不斷思考創造，持續走在自我實踐的路上。這樣你才能真正地把握機會，贏得他送給你的那份禮物。」

　　聽了這些話，兒子點點頭說：「那我現在該怎麼做呢？」我笑著拿來

了紙筆說：「那就先和爸爸做一個簡單的人生規畫吧！然後我們再制定一個階段目標，比如說這一年，你應該達到哪些目標，有效地達成一個初步的結果。」聽了這些話，兒子用力點點頭，於是我們坐在一起，討論了大概兩個小時，從終極目標到初級成果，一切都伴隨著互動，明確地羅列出來。我將我們的戰果貼在了兒子房間中最顯眼的地方，只要他醒來就可以很快看到它。當他下意識開始懈怠時，我就會指著那張紙問：「你真的要對不起自己的夢想嗎？」每到這時，他就會振作精神，重新開始奮鬥。

其實敦促孩子願望的方式很簡單，就是要告訴他們願望與自己之間的重要關係，讓他們心甘情願為自己的明天而努力。父母不過是一道橋梁，只需要不動聲色地影響他們的信念，將他們的靈魂與他們的理想對接，我們只需要站在一邊不斷激勵、提示，用自己的真摯陪伴給予他們力量，或許此時，我們可以抓著他們稚嫩的小手，微笑著對他們說：「外面的世界很大，努力的去尋夢吧！心中不要有什麼疑慮，只要堅持下去，夢就是答案，夢境是翅膀，它可以帶著你去飛翔，把你帶入光明，將你引入希望。」

趙中華老師語錄

1. 所有的理想都不僅僅是想，其中更多的內容，源自你的信念和行動。

2. 在理想的面前，人們發心的初始，所有人都是一樣的，沒有所謂的先後早晚，堅持下去，堅定不移，這就是一個人的特別之處。

3. 夢想照進現實，最核心的一點是你要自己先相信。

圈子：突然發現，孩子的朋友怎麼都是搗蛋鬼

家長問：我不明白為什麼別人家的孩子都能交到一、兩個知心朋友，我家的孩子身邊卻全都是搗蛋鬼，每天被老師處罰的幾個人都是他身邊的摯友，每天在一起嬉皮笑臉，真的讓我這個做父母的好擔心。人們常說圈子決定了人生，看看我家孩子的圈子，真的堪憂啊！

老師答：你說得沒錯，圈子決定了人生，所以我們需要跟孩子互動溝通，問問他們自己未來想成為什麼樣的人，倘若這個時候他能夠準確表達自己的理想，我們便可以繼續引導，告訴他們那個理想的自己應該擁有怎樣的朋友。讓孩子在模仿的過程中，一步步的接近自己的理想狀態，他就會成為一個對自己有要求的人，只要要求一產生，他身邊的圈子自然就會出現更迭。因為他已經明白了一個道理，想成為什麼樣的人，就要和什麼樣的人站在一起。

子曰：「益者三友，損者三友。友直，友諒，友多聞，益矣。友便辟，友善柔，友便佞，損矣。」

——《論語》

📖 **譯文：**

孔子說：「對自己有益的朋友有三種，對自己有害的朋友有三種。與正直的人為友，與誠實的人為友，與見聞廣博的人為友，便對自己有益了。與諂媚奉承的人為友，與虛情假意的人為友，與誇誇其談的人為友，便對自己有害了。」

父母最得意的一件事就是見證孩子一點一滴的成長。當他們從牙牙學語，漸漸學會了奔跑，當他們從幼兒園轉變成了小學生，這一切，父

母都看在眼裡、喜在心裡。孩子到了一定年紀，就要有屬於自己的朋友，我們希望他們身邊的朋友，是友善的，可以為他們成長提供助力的，為此，很多父母不惜一切代價的為孩子營造更為美好的交友環境，不論是從鄰居，還是從學校的選擇，都花費了很大的心思。但即便是這樣，孩子在交友這件事情上，依舊會出現這樣那樣的問題和麻煩，儘管身為大人的我們已經很努力，卻依舊會因此而困惑不已，這到底是怎麼回事呢？

前陣子一個家長打電話給我，說孩子又在學校搗蛋了。「我就不明白，我苦心為他選擇幼兒園，苦心為他選擇學校，一路為他的未來鋪路，他為什麼這麼不爭氣。前陣子老師跟我說，他現在身邊的朋友都是一些令老師頭痛的搗蛋鬼，本來剛進入班級的時候，他還蠻老實的，但現在也開始加入了調皮搗蛋的行列，還在孩子中間稱霸。前陣子老師把我叫到學校，一頓抱怨，說他現在竟然公開和幾個壞孩子在班上收保護費，還創辦什麼整人機構。沒有交夠保護費的孩子，就會被他們欺負，而付得多的孩子，除了可以受到他們的保護外，還可以指使他們去欺負任何一個自己想欺負的對象。整個班級上下鬧得人心惶惶，要不是導師把事情壓下來，恐怕這次他的命運就只有退學了。您知道嗎？當時我聽了實在氣得不行啊！為什麼別人孩子身邊就能有真摯的朋友，我兒子的身邊卻總是一些烏合之眾呢？」

現在有一句很流行的話叫做：「想成為什麼樣的人，就要和什麼樣的人在一起。」對於一個孩子來說，或許他們對這句話的領悟並不是那麼深入。但是父母必要使用自己的內在智慧去引導他們，幫助他們對自己身處的圈子進行謹慎的選擇。

說到這裡，就不得不提起古代一個最為經典的案例了：

從前孟子小的時候，父親很早就已經過世，因為父母生前感情很好，母親守節沒有改嫁。當時，她與孟子住在一個墓地的旁邊，孟子每天和鄰居家的小孩結伴，學著大人的樣子在墳地邊上跪拜哭泣，玩辦理喪事的遊戲。孟母看了以後很著急，心想，我的孩子長期處在這樣的狀態怎麼得了！於是孟子的媽媽帶著孟子搬到了市集旁邊，孟子又跟旁邊的鄰居孩子一起玩起了商人做生意的遊戲，一會鞠躬歡迎客人，一會熱忱招待客人，一會又和客人討價還價，表演得極其到位。孟母看到以後又是心急如焚，心想這樣下去，兒子的未來就毀了，不可以住在這裡。於是她再一次帶著兒子搬家，這一次，他們搬到了學校附近，孟子身邊的孩子都很嚴謹好學，孟子也學著他們的樣子開始彬彬有禮，用功讀書。看到孩子有這樣大的變化，孟母終於欣慰地笑了，她開心地點點頭說：「這才是我的孩子應該住的地方啊！」

其實活到我這樣一個歲數，對環境造人的真理早已經是深有體會，曾經兒子對我說：「爸爸，不知道怎麼回事，班上的同學我並不是每一個都合得來。有些人，老師不斷地表揚他，但是我卻不喜歡他，有些人，老師從來沒有表揚過他，我卻和他很合得來。」我聽到這樣的話，對兒子說：「你希望自己未來成為什麼樣的人呢？你覺得這樣的人，每天腦袋裡裝的都是什麼呢？你覺得他們會跟什麼樣的朋友交流，他們眼中的世界究竟都是什麼樣子？如果你能夠憑藉你聰明的小腦袋感受到這一切，那麼你就會知道當下自己最感興趣的內容應該是什麼。倘若這個時候，有這麼一個朋友，跟你抱有同樣的方向和志趣，那麼即便是此時你們並不受到他人的關注，也照樣不會影響你們對於自我未來的態度。或許這種

不被人關注的狀態，還有助於你們更好的經營自我，但前提是，你一定是覺得這條路是非常具有建設意義的。」

　　想起當年，自己的漫漫人生路，少年不知愁滋味的自己，也曾經是一個電腦遊戲的痴迷者，那時候身邊的朋友，都和自己一樣，一有空就會沉迷在網咖裡。後來興趣愛好轉變了，突然迷上了唱歌，於是周圍的圈子也改變了，所有的朋友都是 KTV 的常客，每天和自己一起唱來跳去，當時感覺自己除了工作以外，其餘的時間都被這些朋友和 KTV 的嘈雜聲占滿了。直到有一天，我無意識地走進了一位演講者的課堂，我被他講臺上的表現深深吸引了，我有了一種衝動，倘若有一天自己可以站在這樣富有魅力的講臺上，那將是怎樣自豪的事情？於是，在那一刻，我的人生悄然轉變了，我開始不斷學習，不斷練習演講，我開始虛心求教，開始翻閱各種經典。而在這樣自我奮鬥的征途中，我發現自己的朋友名單正在悄然發生變化。曾經那些朝夕相處形影不離的朋友，正在被另外的群體所代替。而那個在網咖中暢玩的我，在 KTV 裡一唱就是一整夜的我，也從他們的世界裡消失了。現在我的朋友名單中，更多的是可以為我人生提供助力的人，他們用他們的熱情感動著我，改變著我，我們之間探討的話題也越來越深入，隨著這種深入的開啟，我因此看到了一個更廣闊的世界，心中的小我，蛻變成了博愛的大我，我開始擁有了自己的願望，開始意識到，人生中最重要的事情不僅僅是為自己帶來幸福，而是要讓所有人因我的存在而幸福。

　　有了這個願望，我的生命也翻開了嶄新的一頁。所以我經常對身邊的年輕人說，每一個成長階段，我們會遇到不同的人，而在這些與不同人的接觸過程中，我們自己也在因此被影響改變著。倘若經過一段路

程，你的生活越變越好，你手機裡的名單在不斷翻新，那麼證明你在成長和選擇上是成功的。倘若經過了十年，甚至二十年，你手機上的名單依然一成不變，那麼只能證明一點，這麼多年來，你從來沒嘗試過改變，你也沒有在改變的過程中遇到更好的自己。

對於孩子而言，人生的起步很重要，因為在這個階段，是他們人格塑造最為重要的時期，這時候我們要做的事情，就是對他們身處的環境付諸努力，對他們結交的朋友做出指引。讓他們從小就意識到，當下自己的選擇，與未來的自己息息相關。為了自己的明天能更加美好，現在的自己必須潛心的付出努力。我們不得不說，人生中每遇到一個朋友，都是值得珍惜的緣分。但並不是每一個朋友，都能與自己相守到最後。這一切都取決於我們內心對自己的定位，一旦定位的圈子不再從屬於彼此，那麼彼此之間的緣分就自然走到了盡頭。

就現實社會而言，你的名字是你人生中的第一張名片，當你遞上這張名片的時候，很可能別人對你並不了解。但倘若你說出的朋友，與對方有過很好的交際，那麼他一定會順勢把你當作自己人來看待。相反，倘若對方得知你身邊的朋友，在圈子裡的名聲差強人意，那麼很可能你還沒說什麼，對方已經有了疏離之心。朋友決定了你格局的高低，同時也是你拓展人生的第二張名片，或許對於一個孩子來說，這些內容還略顯深遠，但是父母可以結合自己的經驗，嘗試著與孩子探討一下這樣的話題，了解他們今後的人生方向，與他們想像一下他們自己內心真實的嚮往是什麼，我們可以與他們一起規劃，與他們相互討論，告訴他們如果想實現自己的夢想，自己究竟應該怎樣精進自身的格局，如何在選擇朋友的過程中，保持謹慎睿智的態度，倘若他們從很小的時候，就知道

交友圈對自己人生的重要意義，那麼長大以後的他們，在對待人脈選擇的時候，就一定不會陷入迷茫。

所以，讓我們慶幸吧！還好，孩子還未成年，還好我們的閱歷足夠可以指引他們的方向，還好一切還未太晚，還好他們還會時不時依偎在大人的懷中，還好，他們會無意識地跟你談談理想，還好你有資格成為他們未來的參與者，望著蔚藍的天，在變幻的雲朵間，裝進自己童真的笑容，最後你被他們完全地融入了內心世界，並在撒嬌與閒談中，獲得了無限的喜悅。此時，他們終於意識到一個很重要的真理：「你的圈子，就是你實現理想的半壁江山，想把江山坐穩，就別錯過了那些能為你提供助力的人。」

趙中華老師語錄

1. 你生命中所接觸到的人，決定了你所擁有的人生。

2. 想成為什麼樣的人，就要進入什麼樣的人的圈子。

3. 沒換過幾次朋友，說明你的人生始終都在原地踏步。

凌亂：做事從來不知道規劃，結果到頭來一塌糊塗

家長問：我家的孩子實在是太讓我頭痛了，做什麼事都沒有系統性的規畫，做事不分輕重緩急，不管是房間還是他待過的地方，沒過多久的工夫就變得一團亂，每次我都是一邊追在後面一邊對他說：「你怎麼可以這樣呢？做事情要有條理。」結果他反倒是一臉埋怨說：「你不要動，你動了以後我的東西找不到怎麼辦？」當時我心裡氣得不打一處來，這

樣令人煩心的孩子到底該怎麼管呢？

　　老師答：孩子做事沒有規畫，有幾種可能，第一，他們對自己兌現規畫的能力不夠有自信。第二，他們很可能是因為想做的事情太多，已經分不清楚先後順序。針對這樣的事情，首先要讓孩子對自己一天所要做的事情進行安排，而其中最重要的一點就是，不要將時間安排得太滿，正所謂今日事，今日畢，倘若想將一天的事情有條不紊地完成，那麼首先就要對手頭的事情做出選擇。倘若每件事情都要做，肯定會對進度造成影響，但是如果我們在有限的時間內，只做兩、三件事，那麼總要比八件十件來得容易。與其最終焦頭爛額，那麼不如從現在開始改變策略輕裝上陣，所得到的結果可能比我們想像的還要好呢！

　　打仗要不慌不忙，先求穩當，次求變化；辦事無聲無息，既要精到，又要簡捷。

　　　　　　　　　　　　　　　　　　── 曾國藩

　📖 **譯文：**

　　打仗要不慌不忙，先求得穩當，再來講求變化；做事要無聲無息，既要精明老到，又要簡單快捷。

　　我真的搞不懂現在的孩子，一會做這一會做那，結果一天下來，哪件事也沒做好，即便是幫他規劃好時間，到時候一切還是一團亂。趙老師，我真的應該找個攝影機把他一天的生活錄下來給您看看，但凡是他待過的地方，都是一團亂，我每天回家大部分時間就是追在他的後面幫他收拾。可即便是這樣，沒過一會的工夫，剛剛收拾整齊的空間，又被他弄亂了。我問他為什麼會這樣，他還抱怨我說：『你把我的腦袋弄亂了，我剛剛放這裡的東西找不到了，我著急地找了半天，結果你還罵

我。』哎呀，那時候我的心都被他給搞亂了，真不知道該如何引導他。

　　要說我的孩子，也並不是不想為自己定計畫，但他一天之內想要做的事情太多了，結果一個接著一個，自己疲憊不堪不說，搞得我都跟著他一起受累，眼看時間到了，只能快速帶過，以至於他的情緒經常陷入緊張混亂的狀態，結果堅持了沒幾天，他說他受不了了，想放棄了。可即便是放棄，他的內在空間和外在空間還是一團亂。每當看到他那副樣子，我的心就百感交集，真的不知道該怎麼辦了⋯⋯

　　這是一封家長來信，抱怨的內容就是孩子的生活凌亂，不善於規劃。而現實中很多孩子都出現了這樣的問題。有些是孩子自己造成的，有些是家長造成的。拋開孩子的意願不說，我們先來看看父母都做了些什麼？現在的教育政策是為小學生減少壓力，可是就算學校的作業不多，但是父母卻總是想幫孩子的未來多加些籌碼。於是一下班，就帶著孩子穿梭於各式各樣的補習班，今天學音樂，明天學數學，後天學作文，大後天學英語，總之孩子的生活被安排得滿滿的，一到放學的時候，就被動的陷入緊張。時間長了，東西學了多少不知道，反而整個身心都變得凌亂了。

　　我曾經問過一個孩子，他放學後的生活是什麼樣子？他說：「每天都奔走於各式各樣的補習班，但並不是所有的都是我想學的。學得好的，爸媽會誇我，買肯德基給我吃，但是學得不好的就會遭到他們一路的奚落和責備，所以每當去這些補習班的時候，我的心都戰戰兢兢的。我因為上補習班，常常緊張得難以入眠，因為父母幫我報了很多課程，幾乎天天學的東西都不一樣，對前一天的知識還沒有掌握，第二天學習的就是與之截然不同的領域，我真的希望我自己是超人，可是我不是，我越

來越被動了，有些時候會因此而意志力消沉，因為我覺得節奏太快了，我適應不了，也什麼都做不好。」

聽到這裡，我心裡反倒對現在的孩子心生同情，想到自己小時候的無憂無慮，而現在的孩子從這麼小就生活得如此不易，著實令人深思。說到這裡，腦海裡突然浮現出這樣一個很有借鑑意義的故事。

法國著名作家莫泊桑（Guy de Maupassant）小時候曾經在著名作家福樓拜（Gustave Flaubert）面前，非常自信地告訴他說：「你有什麼喜歡做的事情嗎？」福樓拜看著他笑笑問：「你有什麼喜歡的事情？」莫泊桑自信滿滿地說：「我每天的生活內容非常豐富。我上午用兩個小時的時間讀書寫作，用另外兩個小時的時間彈鋼琴，到了下午，我會用一個小時的時間跟鄰居學習修理汽車，用三個小時的時間來練習踢足球，晚上會去一家餐館和那裡的廚師學習烹飪。星期天的時候，我就去鄉下跟那裡的農民學習種菜的知識。」這些話說完，莫泊桑得意地問福樓拜：「現在該輪到你了，說說看你一天的規畫是什麼樣的？」

「我嘛！很簡單。」福樓拜繼續保持著微笑說道：「我每天上午用四個小時來讀書寫作，下午用四個小時來讀書寫作，晚上再拿出四個小時來讀書寫作。」說完這些，福樓拜轉過身問了小莫泊桑一個問題：「你覺得你的專長是什麼？哪件事你可以專注的將它做到極致？」聽了這話，小莫泊桑迅速敗下陣來，他不知道該怎麼回答，便反問福樓拜說：「那先說說你吧，你最擅長什麼？」此時的福樓拜堅定不移地說：「寫作。」這時候小莫泊桑才終於明白，所謂的專長就是能夠專心、專注地做好一件事情啊！

現在的孩子之所以會陷入混亂，之所以做事情沒有章法，源自於他

們根本無法將自己的能量和精力專注在一個點上。以至於在一天之內有限的時光中，他們始終都理不清思緒，不知道什麼是重要的，什麼是次要的，於是一團亂，看上去每天的生活都過得很充實，事實上真正的狀態卻是凌亂不堪的。

面對這樣的情況，最有效的辦法就是學會為自己的生活減法。與其將所有想要做的事情全部抓在手裡，不如對它們進行一個系統性的分析，看看哪一件事是自己最青睞的，最願意去做的。當目標在選擇機制中明確出現，便可以拿出更多的時間和精力對其進行系統性的規劃，從而有效地實踐，並在實踐的過程中不斷的贏得成就感和喜悅感。

曾經有個孩子問我：「趙老師，為什麼我覺得自己的每天都過得如此混亂？」我問他：「那麼你告訴我，你在自己的一天中，為自己訂立了多少個目標？」他想了想對我說：「至少有十個，因為我想做的事情實在太多了。」聽完這話，我故作驚訝對他說：「十個？一天只有二十四小時，除了吃飯睡覺上廁所，也就剩下十幾個小時，你覺得你能夠在一個小時之內，將一件繁瑣的事情做到極致嗎？」聽了我的話，他啞口無言，於是反過來問我怎麼辦？我說：「很簡單，從現在開始為自己做減法，將十個目標簡化為三個目標，甚至也可以將三個目標變成一個目標，這樣你就有更寬裕的時間和精力去完成它，而它能夠為你帶來的成就感，並不亞於你那十個目標所能給予你的。」

人生之所以混亂，在於想做的太多，而時間卻太少。我們不可能成為面面俱到的天才，但是倘若可以精簡自己的選擇，就可以有效率地經營自己的生活，可以成為領域中的菁英，成為業內的佼佼者。有些人的人生始終是發散的，可他們卻知道自己的目標究竟在哪裡。所以一切都

變得有重點，所走的每一步，都透著一股內在的堅定。他們才是這個世紀最需要的人才，因為認清楚了優勢，所以在自我格調上從不迷茫，生活中發生的一切，都可以有條不紊應付下來，他們始終生活在自我發現的成就感中，因為熱衷於此，因為享受其中，所以不允許自己因為其他的事情陷入混亂，就此他們開啟了成功的新境界，這意味著，他們在有限的生命中將會比一般人贏得更多的喜悅和快樂。

--- 趙中華老師語錄 ---

1. 沒規劃，心中就沒方向，但規劃得太多，也未必是件好事。

2. 最富有智慧的規畫，從來不會超於現實。

3. 每一次都做得到，每一次信心都多一分，這才是規畫的作用所在。

挑剔：總是挑剔來挑剔去，到頭來自己也做得不怎麼樣

家長問：現在的孩子總是對眼前的一切挑剔來挑剔去，我家孩子就是這樣，我覺得他看誰都不順眼，看什麼都要挑毛病，口頭禪都是：「這個太……」「他為什麼不……」每當聽到這樣的話，我都覺得很刺耳，我問他為什麼要這樣，他說對一切有要求有錯嗎？可是我問他對自己的要求是什麼？他只是笑笑，沒有任何回答，老實說，他對別人要求那麼高，可他生活中的自己，做得也不怎麼樣。我只能苦笑啊，到底該怎樣糾正這個問題呢？

老師答：之所以有要求是因為對當下自己身處的一切不滿意，因為不滿意，又無法改變，所以才會把挑剔放在嘴邊。我們需要改變孩子的

角度，讓他把更多的時間用來完善自己。外面的世界，每天千奇百變，誰也不要試圖改變誰，因為我們唯一能夠改變的就是自己。接受外界本來的樣子，不排斥，也不要求，將要求轉向自我，這個孩子才會越來越優秀，他的生活的分分秒秒才會更加幸福，更富有智慧。

功名之地，自古難居。人之好名，誰不如我？我有美名，則人必有受不美之名者，相形之際，蓋難為情。

—— 曾國藩

📖 譯文：

在功名這個領域裡，自古以來便難以居留。那些擁有追逐名聲之心的人，有誰不如我呢？我擁有美好的名聲，就一定會有人得到不好的名聲，互相比較之後，你自然就會感到難為情。

「我不想要這個，這個太爛了。」「我不喜歡這個人，覺得他怪怪的。」「為什麼總是會碰到糟糕的事情，現在好心情都沒了。」「難道我不值得擁有更好的嗎？竟然拿這樣的次級品給我。」身為父母，有沒有聽過孩子這樣的抱怨呢？小小年紀，竟然也已經具備了挑剔的眼光，好像在他們的世界裡，早已經有了分明的愛憎。他們會說：「大人的世界很複雜，但是孩子的世界也不簡單，不要覺得我什麼都看不出來。」細細品味一番他們老成的言辭，突然間心裡有了那麼點莫名的焦慮，倘若現在開始就以挑剔的眼光去面對人生，今後的他們在面對幸福和重大人生選擇的時候，會不會因此而遭遇困惑呢？

曾經有個家長就跟我抱怨，說她每天都會聽到孩子不同程度的抱怨，他會告訴她，自己不喜歡這個，不喜歡那個，那個人不怎麼樣，另外那個不正經。可是說到他自己的時候，他的包容力是如此強大。以至

於讓身為父母的人苦笑道：「我覺得他將要求全部都給了別人，輪到自己就什麼也沒有了。在我看來，他的那副態度也不怎麼樣。有些時候還像極了他不屑的那些人。」

曾經有一個學員問我：「趙老師，究竟挑剔是什麼？它會以怎樣的形式進入到我們的生活？」我想了想，詭笑說道：「這種感覺好像是在經歷一場便祕，我們盲目挑剔、排斥，告訴自己我們不喜歡這個，不喜歡那個，以至於將所有的力量集中在了外在，以至於最終，我們的內心，與外在的管道出現了堵塞，我們不知道自己究竟應該怎麼做，也不知道怎樣有效的解除自己的困惑。於是這種毒就累積在了我們的心念和身體裡，排也排不出去，倒也倒不出來，那是一種非常難受的感覺啊！想要真正解決這個問題，最好的潤滑劑就是無理由地接受和包容，如果自己拿不出這份勇氣，這樣的不適感會繼續蔓延，以至於最終自己會在這種堵塞中孤立起來，除了反覆經歷其中的痛苦，這種堵塞會讓我們變得被動。這就是為什麼，用挑剔的眼光看世界，總是很難從中得到快樂。」

現在很多孩子之所以會挑剔，原因在於他們從小被各種疼愛呵護著，已經習慣呼風喚雨的生活，他們總是覺得只要自己傳遞一個眼神，只要自己內心有了某種需求，別人就能夠很快察覺，然後快速幫助他們完成。但事實卻並非如此，因為各式各樣的原因，並不是所有人都能看出他們的心思，也並不是所有人都能時時以他們希望的方式解決問題。當一切並沒有按照他們理想的規畫發展，他們便會很自然的開始自己的挑剔，當語言伴隨著情緒的昇華變得越來越尖銳，越來越讓人難以容忍，那些所謂的「你為什麼不……」「你就應該……」「你怎麼會……」順勢成為他們表達需求的方式，當這種方式一次又一次的開始製造麻煩，

他們便因此在挑剔感的惡化中意志消沉。儘管他們不知道問題出在哪裡，也不知道為什麼別人在疏遠自己，但那種不開心的情緒也已足夠讓一個人吃盡苦頭了。

曾經有一個小女孩對我說：「趙老師，我也不知道為什麼，我發現自己成為了一個愛挑剔的人，我對外面的很多事情都看不慣，我總是希望別人能夠按照我的想法去做事。一旦這一切並未如我所願，我就會很不開心。此外，面對其他人，我開始不斷提升自己的要求，當我習慣了以這樣挑剔的眼光去面對一切以後，很多朋友都離開了我。其實我也已經意識到了問題所在，但我就是無法改掉這個毛病。現在的我，每天放學只能一個人回家，沒有朋友打電話給我，也沒有誰願意週末和我一起出去玩。我對此苦惱極了，真不知道該怎樣轉變這樣的生活。」

聽到她的傾訴，我摸摸她的頭說：「這個世界確實會出現很多我們看不慣的事情，但這並不意味著我們要因為它而將自己變成一個性格尖銳的人。越是在這樣的狀態下，我們越是要保持一顆平和的心，讓自己盡可能的寬容而優雅，以微笑而謙卑的態度去面對身邊的每一個人。即便他們在很多細節上並不完美，不完美到你無法完全接受他們，但這並不意味著你要因為這些不完美而撩動起不安的情緒。可愛的小妹妹，這個世界上沒有相同的兩個人，所謂的接納，也並沒有我們想像的艱難，你不需要完全用愛包容這個世間的每一個人，只需要接納他們本來的樣子就好，他們是本來就存在的，猶如世間一切本來存在的真理，未必一切都要憑藉我們的認知去調整。一個人真正的智慧就在於，不管身處於什麼樣的環境下，都可以全心全意的享受自我，擁抱自我，它從來不會因為外界的一切而惆悵，因為他已經活出了自己最滿意的樣子。」

老子云：「天地之所以能長且久者，以其不自生，故能長生。是以其聖人後其身而身先，外其身而身存。非以其無私耶？故能成其私。」天底下沒有兩片相同的樹葉，人也不可能踏進同一條河流，天地的博愛在於它毫無要求的養育著世間的萬物，卻從沒有挑剔過什麼。一個人想真正得到尊重，成為所有人愛戴的對象，首當其衝最重要的事，就是對眼前的一切給予誠懇的接納和包容。心承載得越多，未來就會得到越多，當一個人能夠以不挑剔的態度面對周邊的一切，眼前的世界也會伴隨著視角的轉變而發生改變。這一點無論是對孩子，還是已經成年的父母，都是尤為重要的。

趙中華老師語錄

---

1. 挑剔的原因，無外乎對當下的一切不滿意。

2. 每天活在挑剔中的人，分分秒秒都是痛苦的。

3. 接受一切本來的樣子，才能發現大千世界最純正的美。

執著：所有的努力只為別人能多看自己一眼

家長問：我家的孩子每天都很努力，這本來是一件令我欣慰的事情，但是突然有一天我發現他努力的方向不對勁，他告訴我，他所有的付出只是為了獲得別人的認可，可見別人的影響力在他身上的作用是多麼強大。但身為父母，我知道真正的強者是不會受到外界影響的，他們的行為和思想始終都是由自己駕馭，一旦心中有了執著，並將這種執著投射到別人身上，這對於一個人的觀念而言是很危險的事，所以想問問老

師，對於這樣的問題，我應該怎樣引導孩子呢？

老師答：這個問題，我們首先要轉變的是孩子的觀念，人活著不是要一味的滿足別人的需求，而是要將更多的努力放在內觀自己，我們可以用心為別人服務，但是我們人生的目標是為了擁有讓自己更滿意的人生。倘若這個時候，我們的付出被別人的意志所局限，就會因此而喪失自由，倘若別人一句話就可以讓你上天堂，一句話就可以讓你下地獄，失去自由的靈魂將所有的一切交由別人擺布，又怎能得到真正的滿足和快樂呢？

吾輩在自修處求強則可，在勝人處求強則不可。若專在勝人處求強，其能強到底與否，尚未可知，即使終身強橫安穩，亦君子所不屑道也。

—— 曾國藩

📖 譯文：

我們在自我修養方面做到比別人強就可以了，在勝過別人方面求強則不可以。若是專門在勝過別人方面去強求，這種強能否強到底，尚且還不可知，即便這種強能夠終身保持而且安穩，也是君子所不屑於稱道的。

在工作上，我結識了很多小朋友，他們現在雖然還在讀小學，對外面的世界抱持著純真美好的態度，但內心卻也有著很多未解的困惑。很多爸媽說，他們是少年不知愁滋味，所以很少對這些小憂慮在意。但困惑就是困惑，只要形成了問題，若不解決，就會一直壓在心底，成為生命中難以釋懷的愁思，莫名的掀起波瀾，時不時的在他們心中擊打，以至於最終，那股渴望被理解，渴望在互動中傾訴的對象，就莫名的讓我

成為了他們心中的希望。在成立公司的這麼多年來，接到了很多小朋友的來信，他們用非常漂亮的信紙和信封裝著他們的心事，用純真的筆跡講述著自己的故事，這真的讓我非常感動，同時也讓我隱隱發現了某種令人擔憂的跡象，那就是，在他們這個稚嫩而純真的年紀，竟然已經無形的對某些事情產生了執著，他們因這種執著而苦惱，因這種執著而壓抑，他們渴望自己成為更好的人，但卻在這種渴求中，埋沒了本有的性情，以至於最終，幾番糾結和努力依然不能達到自身滿意的成果，他們很苦惱的對我說：「趙老師，我已經很努力了，為什麼別人還是不喜歡我？」「為什麼我那麼努力，成績還是原地不動？」「為什麼我那麼努力做出改變，老師還是沒有看到？」每當看到這些，我總是搖搖頭，在信上寫上這樣的話：「孩子，你把別人看得太重要了，有沒有想過你自己跑到哪裡去了？」

　　說到這裡，我想到了一個成年朋友的經歷，她的名字叫小麗，長得非常漂亮，工作也兢兢業業，別人覺得她人實在太好了，可是她卻告訴我她一點都不快樂。每到靜謐的夜，她一個人躺在床上會流淚，有些時候她自己也不知道為什麼，只是覺得現在自己所付出的一切都在流淚中失去了意義。我問她：「到底發生了什麼事？」她說覺得自己好累，小時候，為了討父母老師歡心，她努力念書，壓抑了自己內在的很多愛好，為了害怕父母說自己貪玩，只能偷偷地看著其他朋友在外面玩。到了上大學的時候，她開始討好同宿舍的同學，開始討好自己的男朋友。她覺得他們對她來說太重要了，所以會不惜一切代價的實現他們的願望，可最終一到畢業，自己就像自由落體，被對方輕易拋棄，只能繼續在孤獨中行走，看不到未來，也找不到屬於自己的明天。後來工作了，她把所有的同事都當成自己的生命中最重要的人，只要對方略微帶點情緒，她

就會因此而膽顫心驚，她努力工作，用心和同事維繫關係，幫他們買早餐，幫他們影印資料，可最終，大家都當這一切是理所當然，一旦有一天她沒這樣做，所有人都會擺出一副冰冷的架勢，讓她感受到寒風刺骨的感覺。說到這裡，她的眼淚不自覺流了下來，哭得像個孩子。她對我說，每天晚上臨睡前，她都感覺內在有一個孩子在跟自己交談，問她現在所得到的一切是不是真的有意義，她說她回答不出來，總覺得很小的時候，自己就對這方面有所缺失，以至於現在，自己每當被別人冷落的時候，就會不自覺緊張戰慄，就會不自覺陷入恐慌，現在自己是父母眼中值得驕傲的女兒，是上司眼中看重的優秀員工，是所有同事眼中喜歡的對象，是男朋友眼中溫柔的女友，可是不知道為什麼，自己就是不開心，自己得到了一切，每天努力想要證明的都實現了，可自己卻覺得越來越累，感覺這一切都不是自己想要的。聽了她的話，我只對她說了一句話：「之所以現在你自己會那麼不開心，原因就在於你把別人看得太重要，從很小的時候，你就失去了自我，你把自己搞丟了。」

因為有了這樣的經歷，每當我看到那些因為他人而深陷苦惱的孩子，內心都會不由地升起一絲悲憫。在這個孩提的時期，很多孩子都在父母的推動、老師的鼓勵下想要證明自己是個優秀的孩子，是一個團結的孩子，他們付出自己的努力，但並不是所有的孩子在付出努力之後都能獲得大家的認可和掌聲。這無形中為他們的生命加上了一層困擾，為什麼自己那麼努力卻依舊不能成為別人眼中最認可的那個人呢？這樣的事情，恐怕在很多孩子的世界裡都出現過，比如我的兒子剛上小學的時候，就對我說：「爸爸，老師說只要上課的時候保持不動，就會有一張貼紙，我為了這張貼紙，整個上課期間，真的都一動也沒動地端坐在那裡，可是最後老師還是沒有給我貼紙，我到底做錯了什麼？」當我聽到

了這段話，我開始意識到現在孩子心中產生了執念，所以我對他說：「兒子，貼紙並不重要，重要的是你是一個言而有信的人。你從頭做到了尾，並不僅僅為了貼紙，更重要的是你從中得到了很多獎勵，你練就了你的耐力，你努力地堅持著，你一切努力的對象都是你自己。在爸爸成人的世界裡，有這樣一句經典的格言：『人為悅己者榮。』你的努力已經足夠使你快樂，有沒有貼紙，真的沒那麼重要啊！」

就孩子而言，有些時候一項榮譽要比自己所學到的知識來得更為重要，而當他們面對榮耀的時候，他們內心所秉持的態度，對於他們今後的人生來說，是非常重要的。很多人終其一生，付出各式各樣的努力，原因不在於自己從中得到了什麼，而是在於別人能不能多看自己一眼。將自己的努力，活在別人的世界裡，這樣的人生想活出意義來，真的很難。我們可以為別人的幸福而奮鬥，可以為他人的理想而努力，但前提是，我們能夠從中活出自己滿意的樣子，我們能夠意識到自己內心的付出，能夠享受到分享的快樂，我們不會因為別人的改變而改變，也不會因為別人的種種而心慌，因為我們知道自己的生活究竟應該是什麼樣子，我們知道，即便有一天我們因各種原因疏離了他人的世界，自己也不會因為這種疏離多痛苦一分，更不會因為這種疏離而磨滅了自己的理想和鬥志。就這一點而言，在孩子的教育問題上，是非常重要的。

很多孩子會在榮譽感上，產生各式各樣的落差，為了一份榮譽感，他們很可能會在整個學習生涯中付出自己所有的時間和努力，但事實上，如果沒有找到一個正確的出發點，那麼他們以後的人生道路中，就必然會被慾望所累，他們很可能會每天活得很辛苦，卻始終找不到屬於自己的存在感，他們會因為別人的種種而產生動搖，不知道自己生命中

最重要的內容是什麼，這將意味著，他們不遺餘力的努力，只為活成別人滿意的樣子，而別人滿意的樣子，未必就是自己渴求的人生。這也就是為什麼，很多人在活成了成功人士的樣子後，依然過得艱辛痛苦，甚至找不到自信，他們甚至覺得自己的人生很失敗，因為當下讓人羨慕的一切，所謂美好的一切，都不是自己想要的生活。這看起來像個笑話，甚至讓人難以理解，但那卻是他們人生真實的寫照，倘若人生只為了一份榮譽而生，那麼即便成功，這份成功也是膚淺的，所有的父母，都希望自己的孩子擁有成功的未來，但同時也希望他們能夠活出他們自己，而這就是我們現在的努力方向，告訴他們，別人對自己來說意味著什麼，別人賦予的榮譽對自己來說又意味著什麼？

　　沒有人會在成功者面前炫耀自己有一個燦爛的童年，因為時間實在太寶貴，這個片段真的不重要。沒有人會傻到抱著過去的榮譽不放，因為過去已然作古。但是倘若現在，父母可以好好把握他們童真時代的意識瞬間，告訴他們什麼是重要的什麼是不重要的，消除他們意識中的盲點和執念，讓他們能夠更痛快的做自己，讓他們在自我實現中體驗真實的成長，那麼這對於他們的人生來說，將會成為最為重要的一課。沒錯，我們是孩子生命中的第一個老師，就他們的人格塑造來說，這一課是必須的，也是我們責無旁貸的使命。

趙中華老師語錄

1. 執著越多，痛苦越多。

2. 過分的渴求別人的認同，核心還是因為缺乏自信。

3. 別人眼中的成功，未必就適合自己。適合自己的，才是此生最值得珍惜的。

國學中的親子智慧：
用古代智慧解決現代教育難題

作　　者：趙中華

發 行 人：黃振庭

出 版 者：崧燁文化事業有限公司

發 行 者：崧燁文化事業有限公司

E-mail：sonbookservice@gmail.com

粉 絲 頁：https://www.facebook.com/
　　　　　sonbookss/

網　　址：https://sonbook.net/

地　　址：台北市中正區重慶南路一段六十一號八
　　　　　樓 815 室

Rm. 815, 8F., No.61, Sec. 1, Chongqing S. Rd.,
Zhongzheng Dist., Taipei City 100, Taiwan

電　　話：(02)2370-3310

傳　　真：(02)2388-1990

印　　刷：京峯數位服務有限公司

律師顧問：廣華律師事務所 張珮琦律師

國家圖書館出版品預行編目資料

國學中的親子智慧：用古代智慧解
決現代教育難題 / 趙中華 著 . -- 第
一版 . -- 臺北市：崧燁文化事業有
限公司 , 2024.02
面；　公分
POD 版
ISBN 978-626-357-969-9(平裝)
1.CST: 親職教育 2.CST: 子女教育
528.2　　113000135

定　　價：299 元

發行日期：2024 年 02 月第一版

◎本書以 POD 印製

Design Assets from Freepik.com

電子書購買

臉書

爽讀 APP

獨家贈品

親愛的讀者歡迎您選購到您喜愛的書，為了感謝您，我們提供了一份禮品，爽讀 app 的電子書無償使用三個月，近萬本書免費提供您享受閱讀的樂趣。

ios 系統	安卓系統	讀者贈品

請先依照自己的手機型號掃描安裝 APP 註冊，再掃描「讀者贈品」，複製優惠碼至 APP 內兌換

優惠碼(兌換期限2025/12/30)
READERKUTRA86NWK

爽讀 APP

- 📱 多元書種、萬卷書籍，電子書飽讀服務引領閱讀新浪潮！
- 🎧 AI 語音助您閱讀，萬本好書任您挑選
- 🔍 領取限時優惠碼，三個月沉浸在書海中
- 🔔 固定月費無限暢讀，輕鬆打造專屬閱讀時光

不用留下個人資料，只需行動電話認證，不會有任何騷擾或詐騙電話。